いじめ・不登校・虐待から大切なわが子を守る

― いま、お父さん・お母さんにできること ―

『子ども相談研究所♪天使のとまり木♪』代表
亀田 秀子

まえがき

　2015年2月20日、午前2時ごろ、川崎市の中学校1年生A君が河川敷で殺害されたというニュースが流れました。凄惨な事件に教育現場や教育関係者にも大きな衝撃が走りました。この事件からわが子を案じ、心を痛めているお父さん・お母さんもたくさんいらっしゃいます。

　保護者の皆さんは、いま現在いじめに遭ったり不登校に陥っている子どもたち、虐待を受けて苦しんでいる子どもたちが、どれくらいいるかご存じでしょうか。平成26年度の文部科学省の調査によれば、いじめの認知件数は18万8,057件、不登校生の小中学生は約12万人。そして平成26年度に全国の児童相談所が対応した相談件数は8万8,931件で、虐待死はほとんどの年で50人を超えているという状況です。この数字から単純計算してみても、わが子がいじめられ心を痛めているお父さん・お母さんは約38万人、お子さんの不登校で悩んでいる親御さんは約24万人と驚くべき人数にのぼります。いじめ問題、不登校、虐待は現在ではこのように大きな社会問題となっています。

　ところで、いじめや不登校は特別な子どもたちだけが陥るものなのでしょうか。答えは、「いいえ」です。文部科学省の発表でも"いじめも不登校も誰もが陥る可能性がある"とされており、本書でご紹介するような様々な事例をみても、明日にもわが子に起こりえるものとなってきています。

　さらに、児童虐待においては、虐待を受けた子どもの心身への影響は計り知れないものがあります。保護者の育児ストレス、育児不安が解消されないまま、配偶者の協力が得られない状態が続いてしまった場合、どんな親御さんであっても、時に子どもに対して手を挙げてしまうこともあり得ます。今や虐待も特別な人が陥る問題ではありません。

　このような現状を鑑み、教育現場においてもさまざま取り組みが行われています。保護者の皆さんは、学校にそのような状況へと対応する専門家が入っていることをご存じでしょうか。それが相談員、スクールカウンセラー、そしてスクールソーシャルワーカーと呼ばれる人たちです。著者である私は小学校の教員、中学校でのさわやか相談員、そして教育センターでのスクールソーシャルワーカー・学校心理士として、教育現場にいろいろな立場で関わりながら、たくさんの子どもたちや保護者の方々の、次のような悩みや痛みに触れてきました。

・お子さんがいじめられてつらい思いを抱えながらも、どうしたらよいか分からない
・その逆、わが子がいじめを繰り返してしまい、どうやってやめさせればいいのかわからない
・担任の先生から電話がかかってくると、つい自分の子どもを責め立てて怒鳴ってしまう
・毎朝、息子が、「お腹が痛い」「頭が痛い」と言っては学校を休みたがり、休みが決まるとケロッと元気になる
・今まで口応えもしたことがなかった娘が、突然、親に反抗しはじめ、物に当たったり暴れたりと急変した
・家を飛び出して友だちの家に泊まり歩き、ゲームセンターに入り浸り、それに意見しようものなら、「うるさい」と怒鳴りちらすわが子が怖い
・思春期を迎え、性への関心が高まる息子への接し方が分からない

　相談に来られることができた方は、関係機関とのつながりに安心を得ることができますが、誰にも相談できず、暗いトンネルの中を模索し続けておられる方も大勢いらっしゃることが予想されます。

　本書では、いじめや不登校、虐待から子どもたちを守るため、お父さん・お母さんに今何ができるのか、その具体的なヒントをお伝えしたいと思っています。

　また必要により、保護者の方とのご相談の様子を対話形式にて掲載することで、誰にでもわかりやすく共感いただけるよう努めました。相談の場は、『子ども相談研究所♪天使のとまり木♪』を想定しています。

　とりあげた事例は私の教育相談活動において、もっとも多く寄せられた内容を組み合わせ、編集してご紹介しました。

　本書を紐解くことで、いじめや不登校、虐待で悩んでいるお父さん・お母さんに、一筋の光が射しこむことを願っています。一人で抱え込まず誰かに話すことで事態は大きく変わっていきます。いじめや不登校、虐待から「大切なわが子を守るためにできること」をテーマに、私と一緒にその一歩を踏み出しましょう。

対話形式における登場人物の紹介

《かめだ》著者
いじめ・不登校・虐待、思春期のメンタルヘルスの『子ども相談研究所♪天使のとまり木♪』代表。

《あおきさん》
中学校1年生 男子の母
川崎中1殺害事件に心揺れ動く。

　　子どもを学校に行かせるのが不安なんです…

《いいださん》
中学校2年生 女子の母
明るく活発な子どもが初めての部活動でいじめを体験し、混乱してしまう。

　　"いじめ"ってよくわかりません

対話形式における登場人物の紹介

《うえきさん》
小学校6年生 女子の母
子どもに関心を持てずにいたが、クラスで娘がいじめられていることに心を痛めている。

> わが子をいじめからどうやって守ればいいんでしょうか？

《えもりさん》
高校1年生 女子の母
心配性で子どもに干渉する。子どもは中学校2年生の時のいじめが原因で不登校となる。

> 娘が不登校になってしまった…

《おかださん》
小学3年生 男子の母
母子家庭で忙しくする中、息子のやんちゃが激しくなり、ヨ々イライラしている。

> 子どもに手を上げてしまいそうです。私は大丈夫でしょうか？

もくじ

まえがき …………………………………………………………………… 2

対話形式における登場人物の紹介 ………………………………… 4

第1章　大切なわが子を守る ……………………………………… 9

1.川崎中1殺害事件に揺れ動く保護者　10

2.川崎中1殺害事件から「いじめ」を考える　11

　① 川崎中1殺害事件について　11

　② 社会福祉を学ぶ大学生の意見から　12

　③ いじめのプロセスモデルから「いじめ」と「いじめ犯罪」を考える　17

3.事例からみる「いじめを乗り越える5つのヒント」　17

　① 話しやすい雰囲気の家庭環境で、いじめを乗り越えられた　18

　② 家族の誰かがいじめに気づいてくれて、いじめを乗り越えられた　19

　③ いじめられていることを周囲に訴えて、いじめを乗り越えられた　20

　④ 教師の関わりがあって、いじめを乗り越えられた　21

　⑤ 友だちの存在があって、いじめを乗り越えられた　22

　⑥ いじめを乗り越えるヒント　23

4.いま、私たちにできること　23

　① 大人・社会がすべきこと　23

　② お父さん・お母さんにできること　24

5.児童・生徒を支援する「専門家」たち　27

　① 教育相談体制の充実に向けて　27

　② さまざまな「専門家」たちと、その役割分担　27

　③ 私が見た"さわやか相談室"の風景　32

6.「わが子を学校に行かせるのが不安なんです…」　34

第2章　お父さん・お母さんに伝えておきたい「いじめの本質といじめの構造」… 37

1.「"いじめ"ってよくわかりません」　38

2.いじめとは何か？　40

　① いじめの定義　40

　② いじめの実態　41

目次

3.『いじめの構造』を知る　47
　　①　『いじめ集団の四層構造』とは　47
　　②　いじめの被害者と加害者　48
　　③　いじめの観衆と傍観者　51
4.わが子がいじめられた時　いじめ支援の実際　53
　　①　学校相談員・さわやか相談員によるいじめ支援　53
　　②　スクールソーシャルワーカーによるいじめ支援　54
　　③　スクールカウンセラーによるいじめ支援　57
　　④　担任・教員によるいじめ支援　59
　　⑤　知っておくとわが子を守れる「いじめ施策」　62
5.「わが子をいじめからどうやって守ればいいんでしょう?」　66

第3章　もし、わが子が不登校に陥ってしまったら……………………………… **69**
1.「不登校のきっかけはいじめでした」　70
2.不登校とは　71
　　①　不登校の定義　71
　　②　不登校の実態　72
3.わが子が不登校になった時　不登校生支援の実際　77
　　①　学校相談員・さわやか相談員による不登校支援　77
　　②　スクールソーシャルワーカーによる不登校支援　80
　　③　スクールカウンセラーによる不登校支援　82
　　④　学校心理士による不登校支援　83
　　⑤　担任・教員による不登校支援　85
4.お父さん・お母さんへ伝えたいメッセージ〜学校に行かないという1つの選択〜87
5.「わが子が不登校になってしまった…」　89

第4章　大切なわが子を虐待しないために………………………………………… **91**
1.「最近、息子にイライラしてしまいます…」　92
2.虐待とは何か　93
　　①　虐待の定義　93

7

目次

　② 虐待の実態　95

　③ 4つの虐待　98

　④ 虐待としつけ・体罰の違い　99

3. 虐待を受けてしまう子どもたちとは　101

　① 虐待されやすい子どもとは　101

　② 虐待を受けた子どもたち　102

4. 虐待をしてしまう親たちとは　105

　① 家庭の特徴　105

　② 精神疾患との関連　105

　③ 虐待とは世代間伝達なのか　107

5. 虐待の相談機関〜虐待では?と思ったら、迷わず通報を　107

　① 専門の対応機関　107

　② 虐待を見抜き、見逃さないために　108

6.「手を上げてしまいそうな時、どうしたら良いのでしょうか?」　111

あとがき ……………………………………………………………… **114**

謝辞 …………………………………………………………………… **116**

主な引用文献・参考文献一覧 …………………………………… **117**

奥付(著者紹介) ……………………………………………………… **118**

第1章

大切なわが子を守る

川崎中1殺害事件に揺れ動く保護者

《かめだ》著者　いじめ・不登校・虐待、思春期のメンタルヘルスの『子ども相談研究所♪天使のとまり木♪』代表

《あおきさん》中学校1年生 男子の母
川崎中1殺害事件に心揺れ動く。

子どもを学校に行かせるのが不安なんです…。

あおき：川崎の事件の報道を聞いて、不安が広がってしまいました。うちの子も同じ中学1年生です。家でしゃべらない子で川崎の事件のA君とダブるんです。学校に行かせるのが不安なんです。居てもたってもいられず、こちらにお伺いしました。

かめだ：学校に行かせることが不安なんですね。今回の事件で同じような気持ちを抱いている保護者の方は、たくさんいらっしゃると思います。A君の母親が弁護士を通じて発表したコメントでは、家の中ではいたって元気だったために、学校に行かない理由を十分な時間をとって話し合うことがなかったようですね。

あおき：母親も話し合おうとはしていたんでしょうが、中1にもなると、親に心配かけてはいけないと思って言えなかったのかもしれませんね。

かめだ：その通りだと思います。それでは、川崎中1殺害事件について考えていくことにしましょう。

川崎中1殺害事件から「いじめ」を考える

1 川崎中1殺害事件について

　2015年2月20日、川崎市の多摩川河川敷で13歳の中学1年生のA君が殺害されたというニュースが流れました。事件から1週間後に少年3名が殺人の疑いで逮捕された少年犯罪です。

　A君は2013年7月に島根県から川崎市に転居し、翌年の4月に中学校に入学します。夏頃からA君は部活に参加しなくなり、11月には年上のグループと関わり始めたと伝えられています。

　2015年の3学期が始まった頃、A君は学校へ登校しなくなります。当時の友だちには「殺されるかもしれない」と漏らしていたそうです。

　学校側の対応では、2月16日、担任の先生からの電話にA君は「そろそろ学校に行こうかな」と発言したと伝えられています。19日の夜、A君は自宅で母親と食事をし、最後の会話を交わした後に外出をします。20日の午前2時頃、A君が死亡したとの報道が流れました。

　なぜ、このような悲惨な事件が起きてしまったのでしょうか。A君は少年3名とスマートフォンのSNSでつながり、その上でのやり取りが続いていたそうです。「メッセージの返信が遅い」などを理由に、A君は少年らから暴力を受けていました。A君の頬は腫れ上り、目の周りに大きなあざができている日もあったそうです。この頃からA君は「グループから抜けたい」と漏らしていたと伝えられています。

　このような状況からこの事件は、学校の先生や生徒、近隣の人たち、そして保護者が異変に気づき、危機的感覚を抱くことができれば、未然に防げていたのかもしれません。

第1章　大切なわが子を守る

2　社会福祉を学ぶ大学生の意見から

　ここに、社会福祉を専門的に学ぶ学生たちから「川崎中1殺害事件」についての意見と感想を寄せてもらいました。そこから問題解決の糸口を探っていきましょう。

＊ 事件に関する意見

人を暴行し、命を奪うことが簡単に行われたということ、それを止める人がいなかったこと、すべてにおいて悲しいことだと感じました。お母さんも息子さんのことで身近に相談できる存在がいなかったのではないかと思いました。**A君自身、お母さんを思う気持ちから相談できず、その時、支えてあげられる誰かの存在があれば、状況は少しでも変わっていたのではないでしょうか。**

まだ、これから何十年という未来が待っていたはずの中学生の命が奪われたことが悲しいです。

子どもを見守るべき周囲の大人たちの反省も求められると思います。**周りを見渡して、心の声に耳を傾けること**が、どれほど大切なものかを再認識させられる悲しい事件だと思います。

初めてこのニュースを見たとき、とても胸が痛みました。いろいろな番組で取り上げられているのを見て、A君の周りの環境がわかり始めてきました。島から**引っ越したばかりで友だちもあまりいない中で、少年たちに話しかけられたのは、とても嬉しかった**のではないかと思います。

第1章　大切なわが子を守る

非行に走る子どもは、ほんとうは寂しくて、つらい思いを抱えていると思います。それを素直に親にぶつけることができなくて、犯罪まで手を染めてしまうのだと思います。

母親のなかでA君との時間は止まってしまったまま、動き出すことはない。誰かの未来を奪うということは、絶望をもたらすものなのでしょうか。

いじめや不登校は、いつ、どのようなきっかけで始まったか、把握している親は少ないと思う。**年頃の少年にもプライドがあると思うし、心配かけたくないと思う気持ちもあったはず**です。このような事件をなくすために、もっと近くに相談できる大人、または友だちが必要で、一人で抱え込んでしまったことがよくなかったのかもしれません。

事件が起きたのは、とても残念です。大人が何か行動していたならば、事件は起こらなかったのではないかと思いました。

＊ 社会に関する意見

この事件は現代の社会が映し出されたものであり、とても課題が残る事件だと感じます。

最近、少年が殺人を犯すという事件が多発しているように感じます。どうしてこんなに軽率に人を殺せるのかわかりません。**少年たちの行動は理解できないのですが、これを機に罪を犯す少年の心理についても考えてみたい**と思いました。

13

第1章　大切なわが子を守る

学校の先生や近所の人などが、異変に気づいてあげるべきだと思いました。テレビでは加害者が隠され、被害者の少年のことは報道していて、おかしいと感じました。

＊ SNS 等の利用に関する意見

情報機器の発達と共に時代が発展してきたが、改めてSNSは怖いなと思った。**親が子どもを守るためにSNSを利用するためにどうしたらいいのかをよく考え、子どもと話し合うことが大切だと思います**。子どもがSNSを何歳頃から利用するのが適切なのか社会で考えていかなくてはいけないと思います。今やSNSの利用・事件は社会問題です。

今はSNSで、**簡単にメッセージを送ることができることから、小さい問題から大きな問題に発展してしまう**んだなと思いました。

SNS関連は、未成年の人を対象に、もっと細かく制限をつけるべきだと思います。最近では、小学生や中学生などが当たり前のように携帯を所有していて、ネットを扱う環境が増えてきました。今まではネット上だけでしたが、直接会おうと約束をして会いに行ってしまうケースが多いです。家族と話す時間をもっと増やした方がいいと思いました。**普段の何気ない会話でも話す回数が多いと悩みや相談ごとも話しやすくなると思いました**。

＊ 子どもを取り巻く環境に関する意見

ドラマや映画などの内容が過激になり、日々、残酷な事件のニュースがテレビから流れる中、私たちにとってそのような行為の存在が身近なものになっ

第1章　大切なわが子を守る

てきているように感じます。それらは「**心が壊れてしまえば、誰でも大きな**
過ちを犯す可能性がある」ということを示唆しているようにも思えます。受
験へのプレッシャー、両親があまり家にいない孤独、厳しい親など、少年を
取り巻く環境も含め、その危険性を考えていく必要があると思います。

家庭環境の問題や人間関係の問題があったのではないでしょうか。学校で
うまくいかず、いじめ等に遭い、不登校になり、**親に話すこともせずに親と**
の間に壁ができ、不良の子と絡むようになり、このような事件が起こってし
まったのではないかと思います。

不登校のことを知っていて、動いていない学校や市町村は、なにをしていた
のでしょうか。**社会福祉、児童福祉の専門のスペシャリストが、問題解決を**
していける体制が必要だと思います。

学校に行きたくないということは、学校で何か問題があるということであっ
て、いじめではないかと早く察し、学校の先生など、A君の身近な人に、ま
ず相談すべきだったのではないか。**自分の子どもに学校での出来事など、**
いじめだけでなく楽しかったことを含め、コミュニケーションを取ること
が、大切なことだと改めて思いました。

いつでも親に話せる、親も少しの変化に気づく環境をつくっていこうと思
います。自分の年に近い人たちがニュースなどで報道されると、とても怖く
て恐ろしいです。

　学生の意見は多くのことを示唆してくれます。まずはこの事件から得られること
を一般化してみましょう。

15

第1章　大切なわが子を守る

　「＊事件に関する意見」では引っ越したばかりの子どもの寂しさへの配慮が必要だったことが読み取れます。そして子ども自身が一人で抱え込まずに、身近に相談できる環境を用意してあげておくことが必要でしょう。さらに、思春期の子どもの心性を知り、加害者側のさみしい心理にも目を向けることが大切です。これらのことを事前に配慮し、大人が何か行動を起こしていたならば事態は変わっていたかもしれません。

　次に「＊社会に関する意見」では、少年犯罪が増加している指摘があり、軽率に人を殺害してしまうという心理が理解できないという「現代の子ども世代の難しさ」に触れています。またテレビの偏向報道についても考えるところがありそうです。被害者、加害者どちらの立場に対しても、今の子どもたちがどのような考え方をしているのか、なぜそのような行動に出てしまうのか、大人が積極的に理解していくことが必要と感じます。

　続いて「＊SNS等の利用に関する意見」では、SNSが既に大きな社会問題となっていることを指摘しています。親と子どもとで適切なSNS利用についての話し合いを持ち、未成年者に対してはその利用に制限をつけていく必要があるかもしれません。またSNSなどの文字のみのメッセージでは人との距離を測るのが難しく、小さな事が大きな問題に発展してしまうこともあります。また子どもたちはそのSNSの狭い世界で起こった出来事がすべてだと思いがちです。普段の何気ない会話から家族と話す時間を増やし、SNS以外にも自分たちの居場所を作っていってあげる必要があると思います。そうすることで悩みなども自分で抱え込まず、自然と相談しやすくなると言えるでしょう。

　「＊子どもを取り巻く環境に関する意見」では、テレビなどからの"残虐性"の刷り込み、受験のプレッシャー、孤独感、厳しすぎる親など、子どもの周辺環境が複雑になっていることが指摘されています。不登校を知っていて動かない学校に対する批判もあり、専門家が問題解決していける体制の構築が必要であると述べています。

　学生からの意見にはするどい指摘が多く、問題の核心に迫るものがあると感じます。私たちにとって大切なことは、既に起こってしまった事件への批判や後悔ではなく、事件を教訓として今後に活かすこと、そして事件を未然に防ぐための有効なシステムを構築していくことです。

3　いじめのプロセスモデルから「いじめ」と「いじめ犯罪」を考える

大阪教育大学の戸田有一先生ら（2008）が提案した「いじめのプロセスモデル」があります。このモデルでは、いじめの芽のうちに、クラス全体でいじめを予防することが勧められ、いじめが集団化し深刻化した状態での介入は、担任のみでの解決が困難であるとしています。「いじめ犯罪」をどう捉えるかについて、戸田先生は恐喝や傷害などで逮捕される事例は「いじめ犯罪」と呼ぶべきと思われると述べています。

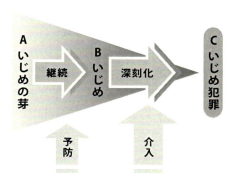

図表1-1　いじめのプロセスモデル

　川崎中1殺害事件では、不登校の時期、そしていじめに遭っていただろうと思われる時期にもっと積極的な学校側の介入が必要だったと思われます。さらに、集団による暴力、一方的な暴力を受けていたという事実も浮かびあがってきたことから、この事件は明らかに「いじめ犯罪」であろうと考えられます。学校側の「いじめ」への指導がどうであったのか問われますが、「犯罪」へと結びつく「芽」を見逃さず予防できる体制の構築が望まれます。

事例からみる「いじめを乗り越える５つのヒント」

　ここにいじめを乗り越えることができた5つの事例があります。「川崎中1殺害事件」についてなど、これまでの話を踏まえ読み解いてみましょう。

第1章　大切なわが子を守る

1　話しやすい雰囲気の家庭環境で、いじめを乗り越えられた

＊ 部活の女子全員から無視されたB子さん

　B子さんは中学2年生の時、部活の女子全員（10名）から1か月ほど無視されるといういじめを受けました。最初は、何が何だかわからずにいたB子さんも、次第に自分がいじめのターゲットになっていることに気がついたと語っています。彼女はどのようにしてこのいじめを乗り越えたのでしょうか。B子さんの語りを紹介します。

＊ いじめのターゲットは持ち回りだった

　いじめのターゲットは、リーダー格の子が「次は誰にしようか」と決めるところから始まりました。いじめに加担する子たちも、そのように自分がいじめの標的にされてしまうのを恐れ、リーダー格の子に従ってしまったのだと思います。

＊ 無視といやがらせによる陰湿ないじめの実態

　部活に出ると、部員全員から自分の存在を打ち消すかのように無視をされました。さらに近くで、わざとらしくゲラゲラ笑ったり、ひそひそ話をしたりするので、その場にいることがつらかったです。

＊ 父親に話せたことが、何よりの救いだった

　家に帰ってから父に「今日は部活で無視されたんだ…」と話しました。父は、「何かできることはないか？何かしたほうがいいか？」と心配してくれました。「いじめられても無視していればいい。こちらに落ち度があるわけじゃないし、人に怪我をさせたわけじゃない。お前が悪いことは何もない。」と言ってくれたことが本当に心強かったです。

> **解説**　B子さんが、父親にいじめられていることを話せたことは、いじめを乗り越えることができた大きな要因でした。父親はB子さんのことをいつも気にかけ、小さな変化にも気づいて声をかけていたようです。いじめられている子が自己開示をするためには、家庭が話しやすい雰囲気であることが大切です。

第1章　大切なわが子を守る

2 家族の誰かがいじめに気づいてくれて、いじめを乗り越えられた

＊「デブ」「ブス」「エグイ」の言葉のいじめを乗り越えた C 子さん

　容姿に関わるいじめは、特に女の子にとっては心に深い傷を追うことが多く、その後の人生に大きな影を落とすことがあります。C子さんは小学校4年生から中学校2年生の初めまでの長い間、言葉によるいじめを受け続けてきました。今では「いじめを成長の糧にできた」と語ってくれるC子さんは、そのようなツライいじめをどのように乗り越えていったのでしょうか。

＊ いじめられた時期と言葉によるいじめの影響

　ぽっちゃりしていたことから男子に「デブ」と言われたことがきっかけとなり、その後は、「デブ」「ブス」「エグイ」など言葉がどんどんエスカレートしていきました。小学校でも中学校でも私1人に対し男子7～8名という集団のいじめでした。

＊ 母親の「今日、何かあったの？」の言葉に救われた

　母親が私の落ち込みに気づいて、「今日、何かあったの？」と聞いてくれました。幼心にいじめられていることは、自分に不利になるので言っちゃいけないと思っていました。いじめられている事実を認めたくなかったんです。

＊ いじめを乗り越えられた要因とは

　産休に入っていた担任の先生が小学校4年の3学期に戻ってきて、いじめの状況に気がついてくれました。先生がありのままの自分を認めくれたことで、いじめを以前ほど気にすることがなくなりました。中学校1年の時の担任の先生にも恵まれて、皆が言うほど太ってもいない、そのままで大丈夫、学校で嫌なことがあったら相談しに来ていいと言ってもらえて心強かったです。

解説 思春期という最も多感な時期は、女の子の「自己像」が安定せず揺れ動く時期でもあります。今回のいじめは"自己肯定感"が激しくが低下してもおかしくない内容と言えます。母親の気づきや先生が理解を示してくれたことは、いじめを乗り越える大きな要因となります。子どもの変化や異変に気づける感性、それを言葉にする大切さを実感する事例です。

第1章　大切なわが子を守る

3　いじめられていることを周囲に訴えて、いじめを乗り越えられた

＊下校時の悪口や仲間外れを乗り越えたD君

　集団登下校でのいじめや身体的なことを言われるいじめは、よくあるいじめとも言えますが、そのぶん常態化しやすく心に堪えるいじめでもあります。D君は小学校3年生から中学校、高校までいじめを受け続けました。

＊長期的ないじめ

　小学校3年生から高校生まで長きに渡りいじめを受けてきました。小学校では、集団で下校する際、悪口を言われたり、仲間外れにされたり、後ろから蹴られたりするいじめを受けました。表面に出やすい、発覚しやすいいじめだったと思います。中学校では、ホクロのことを言われたり、バカにされたりといういじめを受け、高校では相性が合わないためにいじめに遭いました。

＊積極的な対処法

　小学校・中学校・高校でも、いじめられたことを家族や友達に訴えて相談することができました。先生も味方になってくれて救われました。泣きながら、やられたことを訴えて、嫌なことは嫌だと言い続けていくことをしました。

＊家族が味方になってくれた

　6人家族で、自分のことを分かってくれるいい家族でした。父と母は同じ考えで「やり返してみろ！」と言い、祖父は「もう少し大人になったら…」とアドバイスをしてくれました。祖母は「そんなに嫌なら学校休んでもいい」と言ってくれ、また姉は「今度、私がやっつけてやる」と守ってくれました。

解説　D君は「やられたらやり返す」「誰かに相談する」という積極的な対処法で、いじめに向き合いました。周囲に相談し味方を見つけていくことができる等、ソーシャル・サポート（社会的支援）を得やすいタイプであったと言えます。

　また、自ら変わる努力をする、相手にしない等、いろいろと試行錯誤で頑張っていた姿が目に浮かんできます。

第1章　大切なわが子を守る

4 教師の関わりがあって、いじめを乗り越えられた

＊ ポケベルに送られてくるいじめを乗り越えた E 子さん

　現在、携帯電話等による「ネットいじめ」が社会問題となっています。この事例は、まだポケベルが連絡手段だった時代に「学校くるな」「死ね」と送られてきたというE子さんのお話です。

＊ 心の " しこり " となるいじめとは…

　小学校の入学当初や小学3年生の頃、そして中学1年生の夏から秋にかけていじめられていました。中学1年生の夏から秋にかけて起こった、上履きが無くなったり、教科書にヨードチンキをかけられたりしたいじめは、今でも、心の"しこり"となっています。同じ時期にポケベルに「学校くるな！」「死ね！」と送られてきた時には、本当にショックでした。私1人に対して、女子バレー部の同級生18人という集団の陰湿ないじめでした。

＊ はっきり言うタイプ、目立つタイプはいじめの標的になるのか

　いじめられた"きっかけ"については、未だに分からないんですが…。ただ、自分の性格を分析するとはっきりものを言うタイプだったので、たまには、きついことを言ってしまうこともあって、いじめた人はムカついていたのかもしれないと思います。

　クラスでは、係の仕事を積極的にやったり、副委員長をしたり、文化祭や体育祭では実行委員を務めた経験があります。目立つタイプであったのかもしれません。いじめる側の心理として、うらやましかった、妬ましいなどの要因があったのかもしれません。

＊ 顧問の先生の関わりに救われた

　中学1年生のときのいじめでは、「誰に相談したらいいんだろう？」と真剣に考え、いつも親身になってくれる部活の顧問の先生に相談しました。先生はヨードチンキで染まった教科書全部に表紙をつけてくれて涙が出ました。

　ポケベルは先生に言われて利用するのをやめました。ポケベルの小さな画面の言葉にこだわるのをやめ、先生や私の味方になってくれる人たちの現実の声に耳を傾けるようにしました。

21

E子さんは、部活の顧問の先生のあたたかい対応により、いじめを乗り越えることができました。学校の中で起こったいじめは、学校の中で解決することが大切で、いかに、教師の関わりが有効であるかが分かります。

5　友だちの存在があって、いじめを乗り越えられた

＊妬み・やっかみを受けたF子さん

　女子の部活動でのいじめは、部員からの妬みやっかみ等が多いようです。F子さんは、中学校1年生、2年生、そして高校1年生から3年生まで、スポーツができたことで妬まれ無視されるいじめを体験しました。

＊きっかけは、１年生で、レギュラーに選ばれたことから

　中学校の部活では、入部後すぐにレギュラーに選ばれたことがきっかけで、無視されたりトイレに呼び出されたりしました。1対集団で5人くらいの女子からいじめられました。兄がいたため男子の先輩とも仲良くしていたところ、"男たらし"と言われました。

　高校でもスポーツができたので、妬まれて無視されるようになりました。部活を辞めてからも、いじめのことが学年全体に広まっていくいじめでした。

＊学校を休んだこともあった

　中学校の時は、負けず嫌いでケンカにも自信があったので、相手に立ち向かっていきました。そうすることで、結果としていじめがどんどん広がってしまったんです。高校ではシカトされたり、無視されたりと、やっぱり耐えられなくなって2～3週間くらい学校を休みました。学校へ行っても、すぐに帰ってくる状態でした。

＊教師にも親にも相談できなくて…。メル友に助けられて…

　中学校の顧問の先生は新任の先生でもあり、すごく心配していたようです。しかし先生はあまり関与しないような雰囲気でした。親に話すと「自分で解決しなさい」という感じで、それからは親にはあまり相談できなかった…。その頃、メールが

第1章　大切なわが子を守る

流行っていたので、メル友に相談していました。中学校ではクラスメートが助けてくれて、高校では何とか我慢しているうちに慣れてきました。

教師や親に相談できない場合、友だちの存在がとても大きかったことが分かります。中学校、高校と、年齢や環境が変わっていくことに伴い、いじめへの対応も変化してきています。試行錯誤を繰り返し、臨機応変に対応していくことが求められるのでしょう。

6　いじめを乗り越えるヒント

　5つの事例をみてきましたが、家族の誰かが、子どもの変化やSOSに気づいて言葉かけや介入をしていることが多く、家庭内の雰囲気が話しやすく相談しやすいということが非常に大切なポイントと言えます。さらに、学校での友だちや教師との良好な関わりがあること、そして本人自身が、いじめられていることを訴えていく力もいじめを乗り越えるヒントです。つらさをわかってくれる人の存在、周囲の大人のサポートや勇気づけによって、子どもたちはいじめを乗り越えることができるのです。大切なわが子をいじめから守るためにできることを1つ1つ日常のなかに取り入れてみてください。

 # いま、私たちにできること

1　大人・社会がすべきこと

　鳴門教育大学の阪根健二先生は、「大人のいじめ対応姿勢5か条」というものを掲げています

第1章　大切なわが子を守る

> 第１条　いじめられっ子に非なし
> 　　　　（どんな場合でもいじめられっ子に寄り添う）
> 第２条　周辺こそがいじめの元凶
> 　　　　（いじめる子よりも周りの子への働きかけが必要）
> 第３条　昨日とちょっとした様子の変化こそ発見の決め手
> 　　　　（深刻な時ほど、子どもは訴えない）
> 第４条　いじめの輪から新たな輪へ
> 　　　　（既存の集団と異なる新しい集団や世代を提供する）
> 第５条　いじめっ子だって泣いている
> 　　　　（いじめる子の抱えるストレスにも目を向けて）

　いじめられている子は自分に問題があるのではないかと不安に駆られています。まずは、いじめられている子どもの心に寄り添ってください。話しを聴いてあげてください。

　また被害者を守ることに加えて、加害者の内面で何が起こっているかにも配慮をしていきたいものです。

　いじめは被害者と加害者だけでなく集団での複雑な関係性の中で起こるため、その集団の質を高めていくことが大切です。そして何より重要なことは、子どもを日頃から観察し、小さな異変にも気づく感性を大人が養っていくことです。未来を担う子どもたちは、"社会の子ども"であり、"社会の宝物"です。いじめを親や教師だけに任せるのではなく、社会の大人全体で解決していこうという意識が大切になります。

　その上で、いじめはどんなことがあってもいけないことだという、そんな毅然とした態度を大人は貫いていくべきです。

2　お父さん・お母さんにできること

　事例から見えてくるのは、本人が「誰かに相談」し、「いじめられていることを訴えてきた」という点です。そのため家庭では、「家族の誰かが子どもの異変に気づくこと」、そして「話しやすい環境を整えること」が大切です。学校においては、「友人関

係の良好さ」や「教師との関わりの重要性」、地域社会では、「つらさを分かってくれる人の存在」や「サポートしてくれる人の存在」が非常に重要になります。

いじめを乗り越えられた人は、けっして特別な人ではありません。家族の気づきや周囲からの励ましにより、いじめに立ち向かう勇気を得たり、適切な対処方法を学んだりすることで対応することができたのです。いじめの解決は家族、学校、地域などでのソーシャル・サポート（社会的支援）を本人がどう得ていくことができるかに集約されます。

図表1-2 本人・家族・学校・地域社会のサポート体制

＊話しやすい家庭環境を整えましょう

- 食事を一緒に摂るようにしましょう。朝食でも夕食でもよいので話ができる機会を増やしましょう
- 余暇を一緒に過ごしてみましょう。買い物に出かける、散歩をする等、日常のなかに短い時間でもよいので設定しましょう
- 共通の趣味を持ってみましょう。スポーツやマラソン、今であればゲームやネットなども良いかもしれません
- 子どもを日頃から観察し、見守り、少しの変化にも気づくセンサーを養うよう努めましょう

＊いじめに遭ってしまった時の対応を子どもと話し合っておきましょう

- いじめに遭ってしまった時、家族の誰かに必ず話すということを子どもと約束しておきましょう
- もし家族に言えないときは、「学校のなかにいる誰かに伝えよう」と子どもと確認をしてください。担任の先生、保健の先生、学年の先生、相談員、スクールカウン

セラー、部活の顧問の先生など、話しやすい人はきっといるはずです。いじめに遭ってしまったときの「避難先」を子どもと話し合っておきましょう
- 「いやだ！」「やめて！」と言える強さを育ててあげてください。意思を伝えないと誰も分からないことを子どもが納得できるまで話し合いましょう。対人関係を円滑にするアサーショントレーニングやソーシャルスキルトレーニングも有効です

＊ 学校での友人関係や先生との関係づくりについて、子どもと一緒に考えてみましょう

- 友だちの存在があって、いじめを乗り越えられたケースはよくあります。良好な友人関係の築き方について、日頃から子どもと話し合っておきましょう
- 教師と子どもとの関係も大事です。いざとなった時に「この先生なら話してもいいかな」と思える先生を子どもと話し合い、事前に決めておくと親として行動に移しやすくなります

＊ 辛さを分かってくれる人やサポートしてくれる人を確保しておきましょう。親がお手本となりましょう

- コニュニケーション能力や人とつながる大切さを小さなうちから話していきましょう
- ソーシャル・サポート（社会的支援）について、親子で一緒に考える機会を作っていきましょう
- これらの点について、親自身がお手本を示していけるよう努力してみましょう。何事も自分で抱えず周囲に援助を求めることができる親でありましょう

児童・生徒を支援する「専門家」たち

1 教育相談体制の充実に向けて

　現代社会の大きな変容の中で、家庭の教育力や地域社会の機能の低下が叫ばれています。児童生徒の抱える問題も多様化し、深刻化する傾向にあります。

　こうした現状の中、様々な社会問題に対して学校が対応しきれなくなっています。また、学校に対する過度な期待や要求もあり、教員の負担感や勤務時間が増え、その結果、学校において児童生徒一人一人と向き合う機会が少なくなってきています。

　児童生徒が直面する問題はますます複雑多様になっており、保護者や教員だけでは解決できないことが多くなってきました。児童生徒の相談に対しては、教員という「教育の専門家」のほか、スクールカウンセラーのような「臨床心理の専門家」、「医療関係の専門家」、「福祉に関する専門家」、そして「司法関係の専門家」等のバックアップと連携が不可欠です。

　このため、文部科学省は、特に学校内のカウンセリング機能や教育相談の充実を図るための施策として、「スクールカウンセラー」、「相談員」、「スクールソーシャルワーカー」等の配置を進めてきています。

引用先：文部科学省　1 学校における教育相談の充実について
http://www.mext.go.jp/b_menu/shingi/chousa/shotou/066/gaiyou/attach/1369814.htm

2 さまざまな「専門家」たちと、その役割分担

　教育現場には、子どもたちを支援する「学校相談員・さわやか相談員」、「スクールソーシャルフーカー」、「スクールカウンセラー」等がいます。各都道府県により、専門家の呼称や配置は異なっています。

第1章　大切なわが子を守る

　実は、現場にいる先生方もこれらの職種の役割分担がよくわかっていないようです。そこで、簡単に各々の違いをお伝えしていきます。

　「学校相談員・さわやか相談員」は、子どもの悩みを聴いて情報収集を行い、教員やスクールカウンセラーの補助的な役割を担っています。「スクールソーシャルワーカー」は、子どもを取り巻く家庭環境に働きかけ、福祉的・医療的なケアも含めての相談活動をします。「スクールカウンセラー」は、子どもの心理面のケア、個人の心と行動に関することを扱います。図表1－3にまとめてみましたのでご覧ください。

専門家（どこにいるのか）	主な役割	主な対象者
学校相談員・さわやか相談員 （中学校の相談室）	・子どもの悩みを聴き、情報収集を行う ・教員やスクールカウンセラーの補助	子ども・保護者・教員
スクールソーシャルワーカー （教育センター等）	・子どもを取り巻く環境に働きかける ・福祉的・医療的なケアも含めて相談活動 ・「つなぐ仕事」「出かける仕事」「環境に働きかける仕事」	子ども・保護者・教員 教育・福祉関係者
スクールカウンセラー （中学校の相談室）	・子どもの心理面のケア ・個人の心と行動に関すること	子ども・保護者・教員

図表1-3 さまざまな「専門家」たちとその役割分担

　私は、小学校での11年間の教員生活にピリオドを打ってから、公立中学校で「さわやか相談員」、教育センターで「スクールソーシャルワーカー」や「学校心理士」としてカウンセリングや相談援助活動に従事してきました。

　その際、私なりに大切にしてきたのは関係者のみなさんとの「対等性」です。教員という役割は、子どもや保護者への「指導」という縦の関係性が生じがちで、また、「相談員」も先生方やスクールカウンセラーの「補助的役割」という、これも縦の関係性になりがちな部分があります。しかし問題解決に必要なのは、立場の上下や、正しさだけを主張することではなく、皆が皆の状況・心情を理解し、尊重していくという態度です。児童を支援する専門家として、教員とも対等な視点に立って話し合い、子どもや保護者とも「対等な関係性」を気づくことが大切です。

◆ 学校相談員・さわやか相談員

　都道府県や市町村により、「相談員」は様々な名称が使用されています。埼玉県では「学校相談員」や「さわやか相談員」等の名称です。

第1章　大切なわが子を守る

　ここでは、さいたま市さわやか相談員募集要項から一部引用しながらの配置の
趣旨や職務内容に触れていきます。

《さわやか相談員の配置》

　「いじめや不登校等の児童生徒の心の問題の重要性にかんがみ、市立中学校に
"さわやか相談室"を設置し、児童生徒又は保護者の相談に応じるとともに、学校、
家庭及び地域との連携を図り、健全な児童生徒の育成を図るため、さわやか相談
員を配置する」としています。

《さわやか相談員の職務内容》

　主に、「配置中学校の生徒・保護者の相談及び支援に関すること」、「小学校に
おける児童・保護者の相談及び支援に関すること」、「学校・家庭及び地域との連
携に関すること」、「いじめ、不登校等への対応に関すること」、「相談活動におけ
る教職員との連携に関すること」、「児童生徒の健全育成に関すること」が職務内
容となっています。

《さわやか相談員の応募資格》

　「学校教育に理解があり、子どもの悩みについて相談に応じることのできる資格
（教育、カウンセリング、福祉など）又は、相談経験を有する方」と記されています。

引用先：さいたま市教育委員会　平成28年度さいたま市さわやか相談員募集要項
http://www.city.saitama.jp/006/001/001/003/p043462_d/fil/bosyuuyoukou.pdf

◆スクールソーシャルワーカー

《スクールソーシャルワーカーの配置》

　スクールソーシャルワーカー（SSW）は、2008年度より文部科学省が取り組み
はじめた、比較的新しい施策です。2年間の経過措置を設け、その有効性を検討し
た後、国内141地域の公立小・中学校に配置されました。

　いま、子どもたちを取り巻く環境は大きく変化していっています。これまで学校で
問題とされてきた、いじめや不登校などの枠を越え、リストカット、発達障害、摂食

第1章　大切なわが子を守る

障害、引きこもり、思春期うつなどのメンタルヘルスの問題など、学校内だけでは対応困難な事象が増加してきています。これらの状況に対して、学校・家庭・地域の連携を助け、立場を超えたコーディネーター的存在として導入されたのがスクールソーシャルワーカーです。

《スクールソーシャルワーカーの職務内容》

スクールソーシャルワーカーの行う活動を"ソーシャルワーク"と言います。ソーシャルワークの代表的な定義ですが、「個人とその人を取り巻く環境との間の相互利用を構成する社会関係に焦点をあてた活動によって、単独または、集団内の個人の社会機能を強化しようとするもの」（W.Boehm）とされています。少々、分かりにくいかもしれません。

ソーシャルワークとは子どもを取り巻く環境に対して働きかけていく仕事です。学校、家庭、地域など、子どもに関わるすべての背景を視野に入れて判断しながら、子どもを取り巻く環境の改善を図っていきます。端的に表現すると「環境に働きかける仕事」であり、「つなぐ仕事」、そして「出かける仕事」と言えます。スクールソーシャルワーカーは、学校と連携して、必要に応じて問題を抱える子どもとその家庭に働きかけます。生活改善や登校に向けての環境調整や条件整備に取り組む仕事です。

《スクールソーシャルワーカーの応募資格》

スクールソーシャルワーカーの応募資格は、都道府県によっても多少の違いがあるかもしれませんが、埼玉県のスクールソーシャルワーカーの応募資格は、「地方公務員法第16条の欠格事項に該当しない者」「社会福祉士または精神保健福祉士の資格を有する者」と規定されています。

大学等で教えていると、スクールソーシャルワーカーになりたいという学生さんに出会います。子どもたちのフィールドでソーシャルワークをしたいと言います。これまでも「先生、スクールソーシャルワーカーにどうしたらなれるんですか。私も将来、なりたいんです」そんな声をたくさん耳にしてきました。

私の場合は、小学校の教員を11年間していた経験や、さわやか相談室勤務の経験等、教育現場をよく知っていました。社会福祉士や精神保健福祉士の資格や大学院で社会福祉学を修めていたこともあり、スクールソーシャルワーカーの条件を満たしていました。スクールソーシャルワーカーは、教育分野の知識と社会福祉等の専門的な知識・技能を用いて、子どもの置かれた環境に働きかける仕事です。

第1章　大切なわが子を守る

◆スクールカウンセラー

《スクールカウンセラーの配置》

　近年のいじめの深刻化や不登校児童生徒の増加など、児童生徒の心の在り様に関わる様々な問題が生じています。児童生徒や保護者の抱える悩みを受け止め、学校におけるカウンセリング機能の充実を図るため、臨床心理に専門的な知識・経験を有する学校外の専門家を積極的に活用することが求められるようになりました。

　文部科学省では、平成7年度から「心の専門家」として臨床心理士などをスクールカウンセラーとして全国に配置しました（平成7年度　154校）。各都道府県における中学校へのスクールカウンセラーの配置率は様々です。スクールカウンセラーは非常勤職員で、その8割以上が臨床心理士です。また、相談体制は1校あたり平均週1回、4～8時間といった学校が多いようです。（文部科学省発表より）。

《スクールカウンセラーの職務内容》

　スクールカウンセラーの役割及び意義・成果についてですが、文部科学省は、「スクールカウンセラーの業務は、児童生徒に対する相談のほか、保護者及び教職員に対する相談、教職員等への研修、事件・事故等の緊急対応における被害児童生徒の心のケアなど、ますます多岐にわたっており、学校の教育相談体制に大きな役割を果たしている」と述べています。

　スクールカウンセラーが相談にあたる内容は、不登校に関することが最も多いとされています。その他にいじめ、友人関係、親子関係、学習関係等多岐にわたっており、近年は、発達障害、精神疾患、リストカット等の自傷やその他の問題行動などますます多様な相談に対応している現状です。

《スクールカウンセラーの応募資格》

　スクールカウンセラーは、臨床心理士、精神科医、心理学系の大学の常勤教員など，臨床心理に関し高度に専門的な知識・経験を有する者が該当します。スクールカウンセラーは、心の専門家として、専門性を有しつつ、教員等と異なる立場として外部性があることから、児童生徒へのカウンセリング、教職員及び保護者に対する助言・支援において効果を上げています。

31

第1章　大切なわが子を守る

引用先：文部科学省　2　スクールカウンセラーについて
http://www.mext.go.jp/a_menu/shotou/seitoshidou/kyouiku/
houkoku/07082308/002.htm

◆その他の専門家

《学校心理士》

　学校心理士を一言で説明するならば、「学校等をフィールドとした心理教育的援助の専門家」と言えます。学校心理士の配置や活用については、各都道府県の教育委員会に委ねられています。「学校心理士」の中には、幼小中高等学校、特別支援学級、特別支援学校などの教育現場で活躍している方が多くいます。　また、教育委員会、教育センター、教育相談所等で活躍している方や教育委員会の依頼を受けて、相談業務に従事している方もいます。

　「学校心理士」は、学校生活におけるさまざまな問題について、カウンセリングなどによる子どもへの直接的援助を行います。また、子どもを取り巻く保護者や教師、学校に対しても、「学校心理学」の専門的知識と技能をもって、心理教育的援助サービスを行うことを目的としています。

引用先：一般社団法人　学校心理士認定運営機構・日本学校心理士会、「学校心理士とは」　http://www.gakkoushinrishi.jp/aboutgakushi/

3　私が見た"さわやか相談室"の風景

　小学校の教員を辞めてから、一度はやってみたい仕事が"相談員"でした。しかし、いつも募集の時期を見逃していたり、講師業をしていたりとタイミングが合わず、何年もの間、中学校の"さわやか相談室"への熱い思いを寄せ続けていました。そんな折、公募の時期にも間に合い、採用試験を受けて合格に至った時は、たいへん嬉しかったです。

　私は、"相談室経営"に夢を描いていました。相談室は生徒にとって心の居場所と

して、和んで、癒される場としたいと思っていました。観葉植物を置いたり、心に響く絵本や童話を置いたりしたい…。悩みがあるときは、いつでも駆け込めるようにし、心を開いて話を出来る場所にしたい…。そんな想いが膨らみました。

2003年4月1日、私はついに中学校の"さわやか相談員"として着任しました。小学校の教員をしていた私には、中学生がずいぶんと大人に見え、ちょっと怖い感じがしたのを覚えています。

4月8日の始業式では、相談員からの挨拶の機会が設けられていました。親しみを持ってもらおうと「亀田です。"亀田のあられ"で覚えてくださいね」とアピールしたところ、私が出没する場面、場面で、どこからともなく、「あられちゃんだ～」とか、「亀田のあられ、おせんべい」のメロディーが聞こえます。生徒たちには、そんな形で少しずつ相談員が認知され、受け入れてもらうことができました。

相談室は、昼休みと放課後が解放されています。昼休みになると、職員室の前をバタバタと音を立てながら走ってやって来る中2男子の生徒たち。エネルギーが有り余っている男子が、外遊びをしないで相談室にやってくる不思議な光景がそこにはありました。

生徒たちは、相談室の床にだらだらと寝そべります。「眠い…」「疲れた…」「もう、やだよ～」とそれぞれにつぶやく男子。大人が考える以上に思春期の子どもたちは、精神的にも疲労しているようでした。

男子は、高度で緻密な「折り紙」が得意でした。折り紙の本を見ても難しくて折れそうにもない物をすいすいと折っていきます。また、コラージュも好んでいました。大きな模造紙に、各々が雑誌や新聞の切り抜きをして、好きな場所に貼っていきます。

教室に居場所のない子どもたちが、一人で相談室に来るケースも多かったです。友達がいないのは、中学生にとってかなりシンドイものです。そんな時に、相談室は心の居場所となります。相談員とおしゃべりしたり、好きなお絵かきをしたり、そんな風に昼休みを過ごしました。

あまりにも相談室に生徒が行くために、学年の先生は不信を覚えたようです。相談室に交代で学年の先生方がやってきます。可愛い自分のクラスの生徒が、相談室でくつろいでいることが、担任とすると合点がいかないようです。また、外部から入ってくる見知らぬ人への警戒心もあったのかもしれません。

"さわやか相談員"の応募資格には、「教育に熱心であること」は謳われていますが、資格は一切触れられていません。そんな中、先生方が不安になるのも当然かも

しれません。赴任当時の宴会の席で、ある先生に言われた言葉が忘れられません。「あんた方に、こどもたちの発達がわかるのか！子どもたちの何がわかるっていうんだ？」。ショックは隠せませんでしたが、先生たちは、そんな思いで「相談員」を見ているというのが現実でした。

「わが子を学校に行かせるのが不安なんです…」

《かめだ》著者　いじめ・不登校・虐待、思春期のメンタルヘルスの『子ども相談研究所♪天使のとまり木♪』代表

《あおきさん》中学校1年生　男子の母
川崎中1殺害事件に心揺れ動く。

かめだ：学校に行かせることが不安だとおっしゃっていましたが、それは、息子さんがいじめに遭ってしまうことを恐れているんでしょうか。いじめに遭っても言い返せないで、やられっ放しなんじゃないかなと思ってしまうんでしょうか。

あおき：そうです。学校の様子が分からないので、いろいろ勝手に想像してしまうんです。

かめだ：担任の先生に学校の様子をお聞きしたことはありますか？　担任の先生との関係はいかがですか？

あおき：先生との関係は良いのですが、きちんと聞いたことはないんです。

かめだ：担任の先生は学校の中で、いちばん、息子さんのことを分かっている存

第1章　大切なわが子を守る

在ですから、先生と連絡を取りやすくしておくとよいでしょう。

あおき：先生も忙しそうで、つい遠慮してしまいますが、思い切って連絡を取ってみます。

かめだ：それから、お子さんと「いじめられた時、どうするか」について話し合っておくとよいでしょう。

あおき：そうしたいんですが、息子に言っても反応が薄くて、なかなか進みません。

かめだ：では、都合のよい時に、こちらにお子さんといらしてください。私がお子さんとお母さんの"橋渡し"をしましょう。「いじめられた時の避難先」を一緒に考えていきましょう。

＊ 自己開示は、男の子と女の子と違いはあるのですか

あおき：わが家では話しやすい家庭を目指してきましたが、中学生になってから、息子は学校のことを聞いてもあまり話してくれなくなりました。男の子と女の子とで、「自己開示」には違いがあるのですか？

かめだ：あおきさん、鋭いご指摘ですね。自己開示には男女差があるんです。特に中学生の場合はそれが顕著で、私が行った調査では、男子の自己開示率は28.5％、女子の開示率は49.1％で、圧倒的に男子の方が少ないんです。特に、いじめられた体験についての自己開示は、自分の弱点に触れる内容になるため男の子にとっては話をするのが難しい部分なのだと思います。

あおき：そうなんですね。うちの子どもだけが、いじめられたことをなかなか話してくれないのかと思っていました。

かめだ：女の子は、誰かに悩みを話すという行為は日常的ですが、男の子の場合は、まずは自分で解決しようと考える傾向にあります。女の子の自己開示は、友

35

第1章　大切なわが子を守る

だちに悩みを打ち明けて友人関係を保とうとしているのに対して、男の子の友人
関係の成立には、悩みを打ち明けるか否かは関係がないと思われます。

あおき：お聞きして気持ちが軽くなりました。なんにも話してくれないわが子は、
私の育て方に問題があったのではと思っていましたから…。ただ気弱な息子なの
で、同じクラスのお母さんからは、やはりいじめられていることもあるという話を
聞いており心配しています。

＊ クラス替えの時期に、不安定になったり、いじめられたりするわが子

あおき：うちの息子は、5年生と中学1年生の新学期やクラス替えの時期に、不安
定になったり、いじめられたりすることがあったようです。

かめだ：環境が変わるとき、それに適応していくことは大人でも大変なことだと
思います。思い通りにいかないでストレスを抱えるお子さんもいることでしょう。
そのストレスのはけ口として、いじめをしてしまうケースもあるようです。ストレス
の上手な解消の仕方を学校でも教育していく必要があると思っています。

解説　お母さんが困っていても、息子さんは困っていないということ
もあり得ます。そのような場合、誰が担うべき課題かをはっきり
させながら、それぞれができることを確認していきます。私のようなカウン
セラーの役割は、お母さんが困っていること、考えていることをお子さんに
伝え、そして、お子さんの想いをお母さんに伝える、そんな"橋渡し"をするこ
とです。そうすることで、「えっ、息子はそんな風に思っていたんだ」、「お母
さん、自分のことをちゃんと考えてくれていたんだ」と親子の心理的距離が
縮まり、お互いを思いやり尊重できるようになります。

第2章

お父さん・お母さんに伝えておきたい
「いじめの本質といじめの構造」

「"いじめ"ってよくわかりません」

《かめだ》著者　いじめ・不登校・虐待、思春期のメンタルヘルスの『子ども相談研究所♪天使のとまり木♪』代表

"いじめ"って よくわかりません。

《いいださん》中学校2年生 女子の母
明るく活発な子どもが初めて、部活動でいじめを体験し、混乱してしまう。

かめだ：いいださん、そもそも"いじめ"とは何かご存知でしょうか。

いいだ：いじめですか？　力の強い子が、力の弱い子に対して、一方的に暴力を繰り返したり、嫌がることをしたり言ったりすることでしょうか。それに、無視や仲間はずれをしたりすることも"いじめ"だと思います。

かめだ：だいたい皆さんそのような認識でいらっしゃると思います。しかし保護者の方と学校側と"いじめ"の捉え方が違っていて、学校側が、熱心に取り合ってくれなかったなど、そんなケースも良く耳にしますね。

いいだ：なるほど、確かに学校側が軽く考えて動いてくれなかったということもありました。学校側と保護者側の"いじめ"の捉え方を確認することって大切なことですね。

かめだ：また、いじめは、通りすがりの見ず知らずの他人から受けたりはしないものです。一緒の登校班であったり、同じクラスの仲間であったり、同じ部活動であったり、そこには一定の人間関係が存在しているものなんです。

いいだ：確かに…。そういえば、うちの娘、部活動で、いじめに遭いました。

第2章　お父さん・お母さんに伝えておきたい「いじめの本質といじめの構造」

かめだ：いじめって、「関係性のなかでの力の乱用」と言えると思います。逃れにくい関係のなかで「関係内攻撃」が起こります。一方が優位に立ち、意図的な繰り返しにより、被害者はやがて「無力化」してしまいます。そして加害側は「集団化」するという構図ができあがっていきます。いじめは集団現象なので、被害者、加害者だけの問題ではないんですね。

いいだ：いじめって、集団現象なんですね。

かめだ：その通りです。ここまでが「いじめとは何か」の入り口になります。

いいだ：いじめで悩んでいる知り合いのお母さん方がいます。今日のお話、みなさんに知ってほしい内容です。ぜひ詳しくお聞きして、ご紹介したいと思います。

第2章　お父さん・お母さんに伝えておきたい「いじめの本質といじめの構造」

いじめとは何か？

1　いじめの定義

　文部科学省の「いじめの定義」は、昭和61年度からの定義、平成6年度からの定義、そして平成18年度からの定義と変遷があります。ここでは、平成18年度からの定義について紹介します。

> 　個々の行為が「いじめ」に当たるか否かの判断は、表面的・形式的に行うことなく、**いじめられた児童生徒の立場に立って**行うものとする。
> 「いじめ」とは、「当該児童生徒が、**一定の人間関係のある者**から、心理的、物理的な攻撃を受けたことにより、精神的な苦痛を感じているもの。」とする。なお、起こった場所は学校の内外を問わない。

　下線部分は、注釈を追加されたものです。いじめられた児童生徒の立場に立って、より実態に即して把握できるように見直されています。

　いじめ防止対策推進法の施行に伴い、平成25年度からは次のように定義されています。

> 　「いじめ」とは、「児童生徒に対して、当該児童生徒が在籍する学校に在籍している等当該児童生徒と一定の人間関係のある他の児童生徒が行う心理的又は物理的な影響を与える行為（インターネットを通じて行われるものも含む。）であって、当該行為の対象となった児童生徒が心身の苦痛を感じているもの。」とする。なお、起こった場所は学校の内外を問わない。

　いじめ防止対策推進法では、教育的な配慮や被害者の意向への配慮のうえで、早期に警察に相談・通報の上、警察と連携した対応を取ることが必要な次のようなケースについて考慮されています。

第2章　お父さん・お母さんに伝えておきたい「いじめの本質といじめの構造」

- 犯罪行為として取り扱われるべきと認められ、早期に警察に相談することが重要なもの
- 児童生徒の生命、身体又は財産に重大な被害が生じるような、直ちに警察に通報することが必要なもの

　「いじめ定義の変遷」を見ていくと、いかに現代が子どもたちにとって生きにくい時代かが読み取れます。だからこそ、「いじめから大切なわが子を守るために、お父さん、お母さんに今できること」を考えていきたいのです。

2　いじめの実態

　まずは文部科学省発表の平成26年度「児童生徒の問題行動等生徒指導上の諸問題に関する調査」における「いじめ」に関する調査結果を参考に、いじめがどの程度発生しているかを見てみることにしましょう。

＊いじめの認知件数

　「いじめの認知（発生）件数」は、18万8,057件で、前年度（18万5,803件）と比べて、2,254件の増加です（図表2−1）。これは小学校、中学校、高等学校、そして特別支援学校、すべての校種において増加傾向を示しています。

　「いじめの発見のきっかけ」の項目では、「アンケート調査など学校の取組により発見」が50.9％で最多です。「本人からの訴え」は17.3％、「学級担任が発見」は12.1％でした。何より、「本人からの訴え」は17.3％と少ないものの、勇気ある行動であると思います。

　2011（平成23年）10月11日に大津市中2いじめ自殺事件が起きたことを契機に、学校がアンケート調査に取り組むようになりました。図表2−1の平成23年度から平成24年度で認知件数が急激に増加しているのは、学校での取り組みが反映されている結果とも言えるでしょう。

41

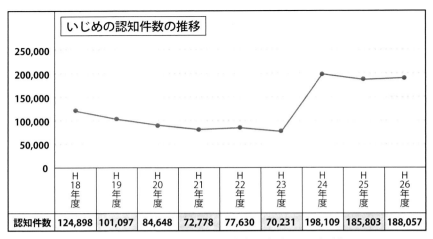

図表2-1 いじめの認知件数の推移（H18年度～H26年度）

＊いじめの態様

　いじめの態様をみてみると「冷やかしやからかい、悪口や脅し文句、嫌なことを言われる」は12万1,248件で、いじめの認知件数に占める割合は64.5％と多いことが分かります。次に「軽くぶつかられたり、遊ぶふりをして叩かれたり、蹴られたりする」は4万1,892件でいじめの認知件数に占める割合は22.2％を占め、「仲間はずれ、集団による無視をされる」は3万5,932件でいじめの認知件数に占める割合は19.1％でした。パソコンや携帯電話等を使ったいじめは7,898件でいじめの認知件数に占める割合は4.2％でした。

　最も割合が高い「冷やかしやからかい、悪口や脅し文句、嫌なことを言われる」は、外から見て明らかに「いじめ」とは判断し兼ねる態様であることが分かります。続く、「軽くぶつかられたり、遊ぶふりをして叩かれたり、蹴られたりする」の態様も「遊ぶふり」が何とも巧妙であると感じます。

＊いじめられた児童生徒の相談の状況

　いじめられた児童生徒は主に誰に相談しているのでしょうか。
　最も多いのは「学級担任に相談」で13万8,364件で73.6％を占めています。次に

第2章　お父さん・お母さんに伝えておきたい　「いじめの本質といじめの構造」

多かったのは「保護者や家族等に相談」の5万1,143件で27.2％、「学級担任以外の教職員に相談」は1万8,457件で9.8％となっています。

　「スクールカウンセラー等の相談員に相談」は5,765件で3.1％とかなり少ないことが分かります。気になるのは、「誰にも相談していない」が1万4,806件で7.9％を占めていることです。学校の中にいる専門家の利用を促進し、誰にも相談していない児童生徒が減っていくことを願います。

＊いじめる理由とは、いったい何か？

　私が相談員だった時代に、いじめたことのある子どもたちに、いじめる理由を聞いてみました。ある子は、「気に入らなかったから…」「なんとなく、おもしろかったから…」という「ふざけ」、また、「周りがいじめているから、つい…」と同調タイプの答えなどがありました。さらに、「あいつが、他の子をいじめていたから…」等、中途半端な正義感からの言い訳や「いじめられても笑っているから…」等、個人的な感情からの理由もあります。

　このような「ふざけ」や中途半端な言い訳など、いじめる"きっかけ"は、たわいないことが始まりとも言えます。しかし、いつの間にかそれが人を追い込み、傷つける結果へと繋がっていきます。やがて、こうした攻撃の繰り返しの過程で、いじめる側が「集団化」し、いじめられている子は力をなくし徐々に「孤立化」し追い込まれていきます。

　いじめが「集団化」「孤立化」した場合、個人的な対応ではもはや解決できません。すでに学校全体の課題としての対応が求められる段階で、気づいた時は一刻も早く、ためらわず学校に連絡をして欲しいと思います。たとえお子さんが、「学校には言わないで欲しい」と訴えたとしても、子どもの気持ちに配慮しながら、伝える方向で検討する必要があります。

＊いじめる児童生徒への対応

　いじめる児童生徒への対応では、「学級担任や他の教職員が状況を聞く」が17万215件で90.5％を占めています。「スクールカウンセラー等の相談員が状況を聞

く」は3,642件と1.9%です。まずは、学級担任等が状況を聞き、難しい対応等、ス
クールカウンセラー等の専門家が状況を聞くという実態が伺えます。

　指導・カウンセリングについては、「学級担任や他の教職員が指導」が最も多く、
12万4,611件で66.3%を占めています。「別室指導」も2万2,441件と11.9%を占め、
「校長、教頭が指導」は1万4,014件で7.5%を占めている現況です。残念なことに、
「スクールカウンセラー等の相談員がカウンセリングを行う」は3,336件で1.8%で
しかありません。

　「保護者への報告」は7万4,749件で39.7%を占め、「いじめられた児童生徒や
その保護者に対する謝罪の指導」は6万3,809件で33.9%を占めています。学校側
も多忙な業務に追われるなか、精一杯の対応をしていることが分かります。

＊ 保護者側と学校側の「いじめの捉え方」の違い

　教育現場では、「保護者への報告」や「いじめられた児童生徒やその保護者に
対する謝罪の指導」も行われていますが、いじめ事件を巡っての報道では、保護者
側と学校側の行き違いを感じます。

　学校側は「いじめであったとの認識はしていない」と答え、保護者側は「いじめで
ある」との見解の違いが見受けられるケースが多いものです。この「いじめであった
かどうか」を巡っては、なかなか双方の考えが一致せずに、解決に向けての協力が
できないという事態を招くことが少なくありません。

　学校側と意見が対立してしまう場合には、文部科学省の「いじめの定義」や「い
じめの捉え方」をきちんと提示しながら、対等の関係で話し合っていくことが大切
であると思います。感情論に走らず冷静に、論拠を示しながら対応することをお奨
めします。

＊ 学校に寄せられた保護者とのトラブルってどんなこと？

　「いじめ」を巡る保護者とのトラブルの例を、奈良県教育委員会の資料からいく
つかご紹介いたします。

　「学校の対応が遅い」、「教員に相談したが、解決してくれない」、「教員の発言

がいじめを助長する内容だ」、「学校はいじめを深刻な問題と捉えていない」などの意見が報告されています。ご自身の経験から強く頷かれる保護者の方もおられるかもしれません。

　教員は保護者に対して、「誠意を持って素早く対応する」、「訴えを共感的態度で傾聴する」、「学校に非がある場合は、率直に謝罪する」、「経過の説明を十分に行う」などの対応をするよう教育委員会から指導を促されています。特に、いじめでお子さんを亡くされた遺族の方からすると、「経過の説明を十分に行う」は、最も知りたいことであると思われます。「いったい、何が起こっていたのか」、「どういう、対応がとられたのか」等、誠意を持った迅速な対応を求められています。

＊ 重大ないじめ事件を受けながら抱え込む児童生徒

　警察の介入により、児童生徒が検挙・補導される重大ないじめ事件は、被害に遭っている児童生徒にとって生命・身体が脅かされる危機的な状況にあると考えられます。警視庁の報告によれば、2011年1月から12月にいじめに起因する事件で検挙・補導された小・中・高校生は、219人（小20、中161、高38）であったと報告されています。

　2011年の被害少年の相談状況では、保護者に相談は77%、教師に相談は43%ありましたが、誰にも相談しなかった生徒は9%にのぼります。警察が介入するような重大ないじめを受けているにもかかわらず、自分で抱え込んでしまっている生徒がこれだけの数値を示しているということは、表立って出てきていないものが相当数いるであろうことが伺えます。

出典：警察庁生活安全局少年課（2012）　少年非行等の概要

＊ 忘れてはいけない「大津市中２いじめ自殺事件」

　大津市中2いじめ自殺事件とは、2011（平成23年）10月11日に滋賀県大津市内の私立中学校の当時2年生の男子生徒が、いじめを苦に自宅で自殺するに至った事件です。事件の経緯については次の通りです。

45

第2章　お父さん・お母さんに伝えておきたい　「いじめの本質といじめの構造」

- 複数の同級生が2011年9月29日、体育館で男子生徒の手首を鉢巻で縛り、口を粘着テープで塞ぐなどの虐待を行った。
- 10月8日にも被害者宅を訪れ、自宅から貴金属や財布を盗んだ。被害者は自殺前日に自殺を仄めかすメールを加害者らに送ったが、加害者らは相手にしなかった。
- 男子生徒は10月11日、自宅マンションから飛び降り、自殺した。
- 被害者の自殺後も加害者らは自殺した生徒の顔写真に穴を空けたり、落書きをしたりしていた。学校と教育委員会は自殺後に、担任を含めて誰もいじめの事態に気づけていなかった、知らなかったと一貫して主張していた。
- 後の報道機関の取材で、学校側は生徒が自殺する6日前に「生徒がいじめを受けている」との報告を受け、担任らが対応について検討していたことは、認めたが、当時はいじめではなく喧嘩と認識していたと説明した。
- 学校側と監督する教育委員会も当初の自殺の原因はいじめではなく家庭環境が問題と説明していた。

　男子生徒の父親は、「息子が自殺しなければならなかったほどのいじめとはどういうものだったのか、二度と同じような悲劇が繰り返されないような安全な学校を実現するためにはどうしたら良いのか」を問うために裁判を起こしました。

　父親は「この裁判の結果を待つのではなく、日本全国の学校の教師のみなさんは、今まで以上に子どもの表情や行動に注視し、いじめを見ぬいてあげて下さい。今も助けを求めている生徒さんはたくさんいるはずです」とコメントを残しています。

　悲しく痛ましい事件が二度と起こらないように、具体的な対策と対応が早急に求められています。

＊中学１年はなぜ、いじめられる子どもが最多なのか

　文部科学省が発表した近年のデータ、平成23年度、平成24年度、平成25年度、平成26年度の「学年別いじめの認知件数」をみると、中学1年生が最多となっています。これは過去に私が実施した「いじめの回顧法」による調査、「中1にいじめら

第2章　お父さん・お母さんに伝えておきたい「いじめの本質といじめの構造」

れた体験が最多である」という点と一致しています。

「回顧法」とは、面接に協力してくれる方（被験者）に、「過去のいじめの体験について」の質問に答えてもらい、分析する手法を言います。いじめられている渦中では、つらすぎて答えられないことも多く、精神面での混乱を招くリスクもあることから、つらい出来事に対する調査では、この回顧法を用いることがあります。

なぜ、中学1年の「いじめの認知件数」が最多なのでしょうか。回顧法などから想定される要因・背景としては、「中学校生活にうまく適応できない」、「部活での新たな人間関係上の問題」等があげられます。さらに、小学校から中学校へと進学する大きな環境の変化の中での、「新しい友人や人間関係の構築」にもストレスを抱えているのだと考えられます。

そのため特に、中学1年の1学期は細心の注意を払いながら、「いじめの予防教育」などを行っていく必要があると考えられます。私も講義などで、このことを学校現場に提案し、たくさんの先生方にも伝えてきました。

上手なストレス対処法として、子どもたちが自らのストレスに気づき、生活の中でストレス経験を図る「ストレス・マネジメント」などもお勧めいたします。

『いじめの構造』を知る

1　『いじめ集団の四層構造』とは

いじめ集団の構造については、現場の先生方にさえも意外と知られていないようです。いじめ研究の先駆者である社会学者・森田洋司氏らは書籍『教室の病』の中で、いじめは、「被害者」「加害者」「観衆」「傍観者」の4つの集団から成り立っていると説明しています。（図表2-2）

図表2-2 いじめ集団の四層構造

第2章　お父さん・お母さんに伝えておきたい「いじめの本質といじめの構造」

＊いじめ解決には、観衆と傍観者へどう対応するかが大切！

　いじめは、当事者たち以外も含めた一定の関係性のある集団の中で起こるものです。ですから被害者と加害者へのアプローチだけでは解決しないのです。いじめ問題の解決は、"はやし立て、おもしろがっている子ども（観衆）"や、"見て見ぬふりをする子ども（傍観者）"をいかに減らしていくかにかかっています。さらに、いじめ被害の大きさは、傍観者の人数と関連しています。

　「観衆」とは、加害の中心の子どもに「同調したり、追従したりする」子どもたちです。「傍観者」は、直接的に加担はしていませんが、いじめる側からすると暗黙の了解で、自分たちの行動を支持してくれていると思ってしまうのです。

2　いじめ被害者と加害者

＊いじめの被害者と加害者の関係

　大阪教育大学の戸田有一先生は、『いじめ問題のnature, cultureそしてfuture. 心と社会』の中で、いじめる側といじめられる側の関係について触れています。

　「人間はただ一緒にいればいいのではありません。必要と排斥、支援と支配のどちらかに向かうのかで、幸不幸があります。しかし、いじめる子といじめられる子との関係を、私は不思議だと思います。いじめる側がいじめられる側を、排斥しつつ必要としているように思えるのです」

　なんとも的を得た指摘で、人間の深い心理を表していると感じます。

　さらに戸田先生は、いじめの本質を「関係内の継続的攻撃」と捉えつつ、「心も身体も痛めつけられているのに、なぜ逃げないのか。なぜ誰かに助けを求めないのか」ということにも迫ります。

　「何万円も脅し取るような事例でも、最初は"友達だろ？"と、一緒に遊ぶためのお金の無心から始まります。逃げられない関係の中で、攻撃や搾取が繰り返されるのです」と述べています。いじめる側といじめられる側の共依存関係がそこには見えてきます。

第2章　お父さん・お母さんに伝えておきたい　「いじめの本質といじめの構造」

＊ 被害者の特徴

いじめられやすい児童・生徒の特徴として、「孤立している、非協調性、能力面でのハンディ、周囲に不快感を与える、攻撃的等（神村・向井；1998）」、「内向的、劣等感の強さ、級友への適応の悪さ等（古市ら：1986）」が報告されています。

いじめられている子どもの「いじめられやすさ」として竹川郁雄氏（1993）は、「ヴァルネラビリティ（攻撃誘発性）」への着目が大切であると言います。たとえば、転校生や障害のある子どもは、"異質な存在"として"いじめの存在"になりやすいと指摘しています。おとなしい子どもや「優等生」もそうで、つまり、彼らは「いじめ衝動を誘発しやすい」一面をも持っていると言います。

引用先：竹川郁雄（1993）　いじめと不登校の社会学　－集団状況と同一化意識－
法律文化社　pp.7－11.

＊ いじめられている子どもの気持ちとは

いじめられている子どもは、「自分が悪いのではないか、自分に問題があるのではないか」と考え、「孤立感」や「無力感」を強めていくことがあります。また、「自分は弱い人間ではないか」と感じてしまい、周囲からの「もっと強くなりなさい」等の声かけや励ましが、かえって負担になってしまうことがあります。本人はすでに、十分に耐えて頑張っているのです。

いじめられている子どもは、「いじめられていることを隠したい。でも、気づいて欲しい」という"アンビバレント"な状態に置かれています。いじめられていることが周囲に知られることにより、いっそう自分が惨めになってしまうのです。「しかしこのまま耐えるのは辛すぎる」、「できれば誰かに気づいて欲しい」と心は揺れ動いています。

いじめられていることを親に言わないのはどのような心理からでしょうか。1つには、「心配をかけたくなかったから」という親を思う気持ちと、もう一方で「いじめられていることが恥ずかしいから」という思いとがあるようです。特に、思春期以降の男子は、「自己開示」に抵抗があるようです。男子の自己開示率は、極めて低いとの研究報告がたくさん見られます。

49

第2章　お父さん・お母さんに伝えておきたい「いじめの本質といじめの構造」

＊いじめを必死に隠すのは、「深刻化したいじめ」のサイン

いじめを必死に隠すのは、「深刻化したいじめ」のサインです。このような状態に
おちいる前に、いち早く周囲が気づいてあげたいものです。そのためにはいじめが
まだ芽のうちに、的確に対応することが求められます。保護者が子どもの異変を察
知し、気づいてくれたことで救われた事例もたくさんあります。日頃から、注意深く
お子さんを観察して、小さなサインも見逃さない感性が大切になってきます。

＊加害者についての理解

いじめの加害者の特徴について、「攻撃性が強い、罪悪感に乏しい、我慢するこ
とが苦手、他者の気持ちの理解がしにくい」等、多くの研究報告があります。加害
者は、本当に他者の気持ちを理解しにくいのでしょうか。

精神科医である中井氏は「加害者が傍若無人なのは、見せかけであって、加害
者は最初から最後まで世論を気にしている」と指摘しています。他の研究では「他
者の気持ちの理解が高度にできているがゆえに、巧妙な痛めつけ方ができるので
はないか」と述べています。

＊いじめてしまったお子さんへの対応

加害者となった子どもには、いじめという行為が「命にかかわる重大なこと」であ
ることに"気づき"を促し、毅然とした態度で指導することが大切です。また同時に、
いじめられた者の苦しみや心の痛みに気づかせることも必要になります。

また、いじめてしまった彼らの「いじめの背後に潜むもの」を理解しておくことも
大切です。それは、人間形成の歪みや、自己表現の乏しさ、自己存在感が持てない
不満、さらにストレスを解消できない不満、対人関係の未熟さなどです。

「自己表現の乏しさ」に対しては、自分の気持を素直に伝えるためのアサーショ
ントレーニングなど有効な方法もあり、「自己存在感がもてない不満」については、
クラスのなかで"居場所をつくる"ことが大切でしょう。ストレスを解消できない不
満に対しては、「ストレス・マネジメント教育」に期待できそうです。さらに、「対人

第2章　お父さん・お母さんに伝えておきたい「いじめの本質といじめの構造」

関係の未熟さ」には、対人行動を習得する練習であるSST（ソーシャル・スキル・トレーニング）などが効果的です。

3 いじめの観衆と傍観者

　「観衆」とは、はやしたてたり、おもしろがったりして見ている人のことを言います。「観衆」の存在は、いじめを積極的に是認してしまいます。

　「傍観者」は、見てみない振りをする人たちです。「傍観者」はいじめを暗黙的に支持し、いじめを促進する役割を担っています。

　「観衆」と「傍観者」は自分を守るため、その時々で役割を変えてきます。

＊ 傍観者の事例

　1対集団（水泳部の女子10人くらい）のいじめです。G子さんは、部活で約1ヶ月の間、無視や言葉のいじめを受けました。周囲の生徒たちは、リーダー格の生徒に従ってしまうというケースです。そのリーダーがいる時といない時では周囲が態度を大きく変え、いない時は、普通に接してくれているといいます。

　さらに、部活のなかでいじめられるターゲットが次々と変わっていく、いわば持ち回りのいじめで、ついに自分に回ってきたという感じだったとG子さんは語ってくれました。昨日まで、仲のよかった子がいきなり口をきいてくれなくなりました。

＊ いじめる側が集団化する理由

　集団化は、「同調」という言葉で説明できます。同調とは、いけないと思っていることでも他にやっている人が多いほど、「まあ、いいか」とやってしまう心の動きです。

　同調による「いじめへの加担」は、集団のなかで、ある時点から否応なく加速します。大多数の黙っている子どもたちは、「傍観者」でもあるのですが、そうした子どもたちの態度により集団化は強められていきます。集団の密集性と閉鎖性は同

51

第2章　お父さん・お母さんに伝えておきたい「いじめの本質といじめの構造」

調に影響しています。

　同調は、次なるいじめのターゲットにされないように自らの身を守っている行為と
もいえます。大多数の黙っている子どもたちの態度を、何とか変えていくことが鍵とな
るのです。

＊ 立場が入れ替わるいじめ

　持ち回りでいじめが繰り返される場合、"いじめられる側"であった子が"いじめる側"
に立ったり、"傍観する側"に立ったりというように、立場が入れ替わることがあります。
「観衆」にも変わる可能性があります。その時々で、自分を守るために、役割を変え
ているのだと言えるでしょう。

＊ 同調傾向・同調圧力の問題

　個々の子どもたちは、「いじめはいけないことである」と学び、認識しています。
しかし、クラスに「いじめを肯定する強い同調傾向・同調圧力」が存在した場合、
被害者を守る行動に至らなくなります。

　つまりクラス集団が、「いじめを面白がらない」場合、いじめる側は行動の対価を
失い、結果的に「いじめる気が失せていく」わけです。

　そのため「観衆・傍観者」には、いじめは"集団現象"であり、自分の問題であること
を認識してもらう。被害者の苦しい心情を理解し、一人ひとりが、「いじめをどう受け
止めたらよいか」について考え、勇気を持って"正しいこと"を行動に移すという雰囲
気・プロセスを作り上げる。そのような"クラス集団の質の向上"がポイントになります。

＊ 必要な４つの力

・いじめを自分の問題として捉える気づきである「気づく力」
・いじめられた側の苦しい気持ちを理解する「共感の力」
・いじめの本質を深く考える、本質を見据える「洞察力」

第2章　お父さん・お母さんに伝えておきたい「いじめの本質といじめの構造」

・勇気を持って正しいことを行動に移す「行動力」

正しいことが受け入れられる集団・社会であってほしいものです。

わが子がいじめられた時 いじめ支援の実際

1 学校相談員・さわやか相談員によるいじめ支援

＊ 事例の概要

　中学1年生女子の"運動部での1対集団"のいじめです。もうすぐ夏休みに入るという7月中旬頃、H子さんの携帯電話に「学校に来るな！」「死ね！」というメールが、複数の人から頻繁に届くようになりました。最初は、無視したり、耐えたりしていましたが、限界に達し、相談室に泣きながら駆け込んできました。

　中学生にとって、相談することは「チクル」ことで、卑怯なことなのではないかと悩みに悩んだ末にやって来たといいます。普段、とても明るく前向きな生徒さんでしたが、"ケイタイ"に送られてくるひどい内容は、日々、彼女の心を蝕んでいったようです。

　この事例は、被害者を取り巻く「観衆」の問題に焦点があたった事例ともいえます。県大会に出場選手として選ばれたことによる、同じ部員からの「妬み」や「嫉み」等が主な原因でした。1人のボス的な存在の生徒に多数の友達が同調し「観衆」化することで、いじめが行われていたようです。

　部活の場面では、みんなが"無視"する、近くに寄ってきて"ゲラゲラ笑う"という態度を取り続けられ、そんな状況に耐えきれなかったようです。

53

第2章　お父さん・お母さんに伝えておきたい 「いじめの本質といじめの構造」

＊ 支援の実際

　まず、さわやか相談員が、スクールカウンセラーと教育相談主任に連絡し、チーム体制を整えました。そして、担任、部活の顧問の先生方の協力も得ながら、細やかな指導と支援を通じサポートを続けました。H子さんも2学期には落ち着きが見られるようになりました。

　運動部での集団のいじめは、本当に耐えがたいものです。彼女が思い切って相談室に駆け込んだことで、事態はよい方向へ転換しました。勇気のいる行動ですが、自分から支援を求める姿勢が大切であることがわかります。その行動を促すためには、相談員が相談しやすい場所や雰囲気を提供している必要性があることも強く感じました。

＊ 支援のポイント

- 相談室が昼休みに開放されていたため、相談員との関係性が築きやすかった
- H子さんが駆け込んできた時にタイミングを逃すことなく、受け皿となれた
- 校内での柔軟な支援体制がすぐに構築され、機能していた

2　スクールソーシャルワーカーによるいじめ支援

＊ 事例の概要

　小学校6年生のI君は、知的障害を抱えています。性的関心も高まる時期と相まってか、女子トイレに入ってしまうことがありました。周囲の子どもたちは、そんなI君を冷やかしたり、言葉で煽ったりします。気持ちをうまく表現できないI君は、カッとなって、友だちに暴言を吐いたり、近くにある物に当たったりすることで、時には手や指を傷つけてしまうこともありました。

　また、時間の感覚があまり身についていない、外出すると方向が分からなるといった行動も散見され、母親が心配することも増えてきました。

　このようなエピソードが周囲の子どもたちにも伝わり、さらにI君はからかわれた

54

りいじめられたりするという悪循環にありました。

＊ 支援の実際

　まず、I君の対応に困り果てた母親は、相談員のもとへとやってきました。相談員は担任の先生に報告し、教育相談部会で今後の対応について検討が行われました。小学校の教育相談部会の決定を受け、学校長から教育センター長へスクールソーシャルワーカーの派遣依頼の連絡が入り、介入に至りました。

　チーム体制としては、担任の先生がコーディネーター役を担い、教育相談部会の部員、養護教諭、スクールカウンセラー、保護者、そして管理職がメンバーとなり、教育センターではスクールソーシャルワーカー2名がメンバーとなりました。

　次に支援計画（誰が、いつ、何を行うか）と支援目標を立てました。担任の先生は、支援計画をチームのメンバーに示し、支援の見通しを説明します。そして、保護者への連絡を密にしていきます。相談員は保護者が困った時、いつでも相談できるような柔軟な対応を心掛けます。スクールソーシャルワーカーは、I君が学校や地域で他の子どもたちと共同生活を送っていくために必要なスキルをつけられるよう各種トレーニング（図表2−3）での支援を行っていくこととしました。もちろんI君の気持ちに寄り添い理解していくことも十分に考慮しました。

　保護者は、スクールソーシャルワーカーが家庭訪問する際、自宅での対応に努め、I君には事前に家庭訪問の目的を伝えておきます。家庭訪問後、保護者から担任に報告の連絡をします。3か月を目安に週1回、1時間半程度の家庭訪問で、必要なスキルを身に付けていくことにしました。

　支援の目標は、I君が周囲の子どもたちにいじめられた時に対処できる対人スキルを身につけること、具体的には自分の気持ちをアサーティブに表現できるようになること、そして感情のコントロールができるようになることの2つです。また時間の感覚を身につけ、約束した時間に家に到着できることも目指しました。（図表2−3）

第2章　お父さん・お母さんに伝えておきたい 「いじめの本質といじめの構造」

スキル	支援の目標と具体的な支援
①アサーション・トレーニング 1）3つの対人関係の様式を知る。 2）自分のタイプを知る。 3）どう対応したらよいかを考える。 4）実際に演じてみる。 5）シェアリング	**自分の気持ちをアサーティブに表現する。** ・上手くいかなかった場面を思い出し、自分の気持ちを適切に伝えるにはどうしたらよいかを考える。 ・自分のタイプを知る（ノン・アサーティブ、アグレッシブ、アサーティブ）。 ・スクールソーシャルワーカーと一緒に考え、ロールプレイで体験する。どんな感想を持ったか報告する。
②アンガーマネジメント 1）キレる前の身体感覚を知る。 2）キレてしまった時の身体の変化を言葉で表現する。 3）度合いをスケーリングする。 4）キレる身体状況と自分の感情の理解。 5）自分なりの対処法を考える。 6）ポジティブな意味づけに変えていく。	**感情のコントロールができるようになる。** ・キレる前の身体の感覚を知る。キレてしまった時、身体のどこにどんな変化があったかを思い出す。言葉で伝えていく。 ・その度合いをスケーリング（1〜10の数字で表す）する。キレる身体状況と自分の感情を理解し、どうしたらよいかを考える。一人で静かになれる場所を確保する等。 ・自分で感情をコントロールできたというポジティブな意味づけに変えていく。自己肯定感も高まる。
③ソーシャルスキルトレーニング 1）説明 2）モデリング 3）リハーサル 4）フィードバック 5）ホームワーク	**時間の感覚を身に付け、時間を守れるようになる。** ・時計を見ながら、買い物等に出かける場面を設定し、約束した時間に帰って来られるようにする。 ・1週間に1回ほど、スクールソーシャルワーカーが立ち会い、リハーサルを行う。その後、フィードバックをし、あらゆる場面で活用できるようにする。

図表2-3 支援の目標と具体的な支援

参考図書：『学級経営力を高める　教育相談のワザ⑬』会沢信彦・田邊昭雄　編著　p76〜p79、p84〜p87、p88〜91.

　I君は、いじめられる場面に出会った時に、クラスメートに自分の気持ちを伝えられるようになりました。また怒りが湧いてきても物に当たる場面も少なくなり、顔が引きつった感覚と頭がカッと熱くなる感覚を感じた時には、図書室に移動することで気持ちを落ち着かせる方法を身につけました。さらにI君と一緒に、対処する力が身についてきたことを確認することで、「ぼく、できたんだ！」と自己肯定感の高まりも感じられるようになりました。時間の感覚も身につき、約束した時間に家に戻れるようにもなってきました。

56

第2章　お父さん・お母さんに伝えておきたい　「いじめの本質といじめの構造」

　母親は、チーム体制が組まれたことから、困ったことがあったらいつでも相談できるという安心感を得ました。一人で悩みすぎることがなくなり、学校の中にいる相談員にも気軽に相談できる等、ストレス軽減にもつながったようです。

　課題としては、週1回の家庭訪問が、母親の負担になっていなかったかどうかという点があります。担任の先生からの提案となると断れない保護者もおり、支援する側も無理をしてしまいがちで、留意したい点です。

＊ 支援のポイント

・母親が困った時にいつでも相談できる体制を整え、ストレスの軽減につながる支援となった
・担任がキーパーソンとなり、チームで連携を図っていく支援を心掛けた
・スクールソーシャルワーカーの活用により、ソーシャルスキルトレーニングが実施され、様々な場面に応用できるような支援を行った

3　スクールカウンセラーによるいじめ支援

＊ 事例の概要

　J君は、小学1年の時と中学3年の時にいじめられた体験を持っています。小学1年の時は、仲の良かった男子2人から石を投げられました。中学3年の時は、口が臭いとか、「オタク」とかの言葉によるいじめを受けました。

　父親と母親が夜中に怒鳴り合いの大喧嘩をしているような家庭で、中2の時には両親は離婚しています。J君は父親に引き取られましたが、父とは話さない状態で、信頼できる友達もいなかったようです。

57

第2章　お父さん・お母さんに伝えておきたい　「いじめの本質といじめの構造」

＊ 支援の実際

　このケースは、面接により、大学生であるJ君に「過去のいじめられた体験」を語ってもらいました。

　いじめについてJ君は、「小1の時に石を投げられたことが、心に残っていて、友達と遊んでいても、ふと、醒めた目で見てしまうんです。どうせ、愛想つかされていなくなるんだろうな。友達は簡単に離れていきそうな気がする…」と語っています。また、「口が臭いと言われてから、体臭が気になるようになって、人と話す時、3〜4メートル離れていないと駄目なんです」といじめのマイナスの影響も語っていました。

　「人を信じたいけど怖い。自分の言葉も信じられないんです。人に心を開きやすくて、逆に深いところまで開いて嫌われることが、けっこうあります」と苦しい胸の内を語っています。

　児童期、思春期に受けたいじめの影響は、青年期になっても大きな影を落とします。J君のケースでは、「人間不信」「自己不信」「自己卑下」「ネガティブ思考」「疎外感」などのマイナスの影響が顕著に出ていました。

　J君には、長期的・継続的なカウンセリングが必要でした。この面接に応じるという行為自体も、心の傷の回復につながります。辛かった体験を私に語ることで過去の自分と対峙できます。

　J君は、リストカットをしていたことも最初にカミングアウトしていました。「ボクはこれほどまでに辛かった！あなたには僕の心の痛みがわかるか！」と無言で伝えているように感じました。しかしそれを乗り越えてきた自分を認め、辛いことばかりではなかったというようにポジティブに認知を変えていくことで、J君の心の傷は少しずつ癒されていきました。

　思春期に受けたいじめの影響は「不適応状態」「対人恐怖」「不安」「用心深さ」「社会的退却傾向」等となって現れます。「社会的退却傾向」とは、「アパシーシンドローム」とも言われ、「無感動」「無気力」「無関心」「無快楽」など、様々な意欲が減退していくことです。

　またいじめは「人間不信」「社会不安」「深刻な精神的苦痛」「情緒的不安定」「心身症」などの精神疾患やトラウマに至るケースもあります。いじめられた体験の影響の深刻さは根深いものがあり、こうした心の傷を背負いながら、その後の人生を歩み続けることになります。

第2章　お父さん・お母さんに伝えておきたい「いじめの本質といじめの構造」

　心の傷として残っているいじめ被害のケースでは、スクールカウンセラー等による長期的・継続的なカウンセリングが必要になってきます。しかしながら、本人がカウンセリングを受けたいという意思決定をしない限り、カウンセリングの効果はなかなか上がりません。

　いじめが原因で不登校になり、引きこもってしまった事例はたくさんありますが、お母さんもお父さんも必死になんとかしたい気持ちで、お子さんにカウンセリングを受けさせたいと相談室に訪れます。

　しかし子どもたちは、保護者の期待をものの見事に裏切ってくれます。保護者の悩みは、イコールお子さんの悩みではないのです。こうした場合、保護者の方がまずはカウンセリングを受けることをお勧めします。カウンセリングを受ける中で、保護者の方の内面に変容が現れて、お子さんに対する接し方や対応が変わってきます。するとお子さんは、お父さん、お母さんに心理的に近づいていけるようになります。

＊ 支援のポイント

- J君の状態を受け入れ、辛さを受容し、傾聴する面接を心掛けた
- 辛い体験を他者に語ることにより、少しずつ心の傷の回復に向かっていくことを話し、本人の理解を深めた
- 継続的な面接の提案を行い、必要であればすぐに利用できることを伝え、安心感を与えた

4　担任・教員によるいじめ支援

　私は憧れていた小学校の教師になりました。しかし、いじめ問題でクラスが荒れ、学級崩壊寸前まで行くという経験をしました。そんな経験を綴ることで、そこから見えて来るものを、みなさんにお伝えできればと思います。

第2章　お父さん・お母さんに伝えておきたい「いじめの本質といじめの構造」

＊ 事例の概要

K君（小学1年生）は、4月の入学当初は特に問題と思われる行動も見られませんでした。しかし、ゴールデン・ウィークが明けた頃から、席に着くことができなくなり、ちょろちょろと教室から出ていくことが増えました。後を追うと、クラスの下駄箱付近にいるのですが、注意をすると凄い剣幕で怒り出し、攻撃的な行動に出るようになったのです。

K君はその後、様々な問題行動を起こすようになりました。

朝の自習時間に、クラスメートの粘土の蓋に、なみなみと水を注いだり、下校時に友だちのランドセルを溝に投げ入れたりしました。昼休みには、クラスメートが描いた「お母さん、ありがとう」の絵をロッカーの上に乗って、1枚1枚「バリッ、バリッ」と剥す出来事がありました。

K君が教室で荒れはじめたのをきっかけに、その行動は教室内に連鎖していきました。K君が教室から飛び出すと、数人の男児も教室からいなくなるようになり、授業を成立させるのが難しくなりました。私のクラスが「学級崩壊寸前」の光景となっていきました。

＊ 支援の実際

まず、学年主任にK君の行動の様子を伝えました。そして、学年会にてK君が不穏な状態になった時の対応が検討されました。K君がキレそうになった時は、私がすぐにSOSを出して学年主任の先生に教室に駆け込んでもらえる体制を確立しました。

また、私のクラスの状況を職員会議で話すことにより、学校全体の課題として共有していただきました。K君の行動と様子を細かく伝えることで、共通理解と共通認識を図るよう努めました。さらに学校の中にいる保健室の先生や用務員さん、事務員さんの協力を得て、K君への言葉かけが実施されました。

仲の良い同僚たちには、弱音を吐き出させてもらいました。私は、食事をしながら今日の出来事を親身になって聴いてくれる同僚や仲間に支えられていました。

運動会の終わる10月頃に、K君は落ち着きを見せ始めました。少しづつですが、やっと正常な授業風景が戻ってきました。

第2章　お父さん・お母さんに伝えておきたい「いじめの本質といじめの構造」

＊当時、必要だった支援体制とは

　新任当時、「こんな助けがあれば、ずいぶんと楽だったろうな…」と思う支援体制
について述べていきます。

　まず、1つ目は、教師へのカウンセリングです。学級崩壊寸前の「無力感」と「情
けなさ」は、今でも心のどこかに残っています。当時、スクールカウンセラーがいた
ならば、その心の叫びを聴いて欲しかったです。近年、新任教師のうつ等の精神疾
患による休職、退職が問題になっています。悩みを気軽に相談できる体制が整うこ
とを願います。

　2つ目は、保育園・幼稚園・小学校の間での情報交換と連絡体制の構築です。こ
のような体制が整っていたならば、成育歴が複雑な子どもを私のような新任教師
が担当することなく、経験豊富なベテラン先生が受け持ったり、学校側の受け入れ
体制も整えておくことができたかもしれません。機械的に割り振ったようなクラス
分けを行うことで、生徒、教師の双方がつらい思いをしてしまわぬよう、事前の情報
共有ができることが望ましいと感じます。

　3つ目は、家庭への外部専門家の導入です。K君の家庭には、何度も家庭訪問を
繰り返しました。しかし、継母からは「先生がお若いから、きっと甘えているんです
よ。うちではとっても素直でいい子なんですよ」との答えしか返ってきませんでし
た。ワンクッション置いて、外部専門家による働きかけを行うことで、担任と保護
者との関係調整がスムーズにできたのではと思っています。ひいては、子ども理解
も進み、教師と子どもとの関係改善も見込めたのではと思います。現在この役割は、
"スクールソーシャルワーカー"として実現し、家庭、学校、関連機関との橋渡し役と
なっています。

　4つ目には、地域力と見守り機能です。新興住宅地の中の新設校であったため、
地域力はまだ弱かったかもしれませんが、民生委員や児童委員の方々との連携で、
登下校時の子どもたちへの見守り機能が期待できたと感じます。例えば周辺住民
の方がいじめの現場に出遭ってしまったような時、地域からの支援があると感じら
れるのは大変心強いものです。子どもは社会の子どもであるという視点が大事にな
るのです。また、家庭に対しての柔軟なアプローチとして、声掛けや訪問なども効果
も期待できるでしょう。

　5つ目は、教師に対するスーパービジョン体制です。自分の行っている指導は、客
観的に見てどうだったのか、どのような対応が適切であったのだろうか、本当に私は

第2章　お父さん・お母さんに伝えておきたい「いじめの本質といじめの構造」

力不足だったのだろうかなど、専門的で客観的な助言・指導により、「自己肯定感」の高まりと「自尊感情」も保持することができ、以後の教育現場への適切なフィードバックもできたのではないかと考えます。

　新任の時には感じませんでしたが、経験豊富な指導者から教わる「指導法」と「教育観」、「人生哲学」は、教員人生を支える大きな力となることでしょう。

＊ 支援のポイント

- 一人で抱え込まないで、早めに学年会・職員会議を通して学校全体の課題として取り組むことができた
- 学年間の連携により、K君への早急な対応・支援につながった
- 学校の中にいる教師、職員がK君へ声掛け等を行うことで、K君の気持ちに落ち着きが見られるようになった

5　知っておくとわが子を守れる「いじめ施策」

＊「いじめ防止対策推進法」

　平成25年6月28日に公布された「いじめ防止対策推進法」は、保護者の皆さんにも、わが子を守るためにぜひ知っておいて欲しい法律です。「いじめ防止対策推進法の公布について（通知）25文科初第430号」より、一部を抜粋しました。

> 　この法律は、いじめが、いじめを受けた児童等の教育を受ける権利を著しく侵害し、その心身の健全な成長及び人格の形成に重大な影響を与えるのみならず、その生命又は身体に重大な危険を生じさせるおそれがあるものであることに鑑み、児童等の尊厳を保持するため、いじめの防止等（中略）のための対策に関し、基本理念を定め、国及び地方公共団体等の責務を明らかにし、（中略）いじめの防止等のための対策を総合的かつ効果的に推進することを目的とする。

第2章　お父さん・お母さんに伝えておきたい　「いじめの本質といじめの構造」

「いじめ防止対策推進法」は、いじめについて国や自治体の責務を明確にするとともに、いじめの防止のための基本的な方針について記した法律です。

個別のいじめに対して学校が講ずべき措置として、「いじめの事実確認、いじめを受けた児童生徒又は保護者に対する支援、いじめを行った児童生徒に対する指導又はその保護者に対する助言について定める、いじめが犯罪行為として取り扱われるべきものであると認めるときの所管警察署との連携について定める」等としています。

いじめを受けた子どもと保護者は、学校や警察に支援を求めることができ、守られる存在と理解できます。もしも、わが子がいじめに遭ってしまった時に、この法律の存在を思い出して頂けたら幸いです。

＊ 家庭ぐるみでいじめを予防し、対処する方法をお伝えします！

「いじめられた児童生徒の相談状況」（文部科学省発表、平成26年度）が発表されていますが、いじめられたことを「誰にも相談していない」子どもたちは、1万4,806件もいます。そうした子どもたちにとって、いじめに遭った時の「避難先」を見つけておくことは、とても大切なことです。

『今日から始める学級担任のためのアドラー心理学』の著者のお一人である佐藤丈先生は、「避難先」を書き込むカード（カード①）を提案しています。被害者（カード②）、加害者（カード③）、傍観者（カード④）になってしまったとき、その出来事を書き込んでおく対策方法です。このカードを持って、避難先である大人の元へ逃げていきます。カードに書くという行為だけでも心の安定につながると言います。

63

第2章　お父さん・お母さんに伝えておきたい「いじめの本質といじめの構造」

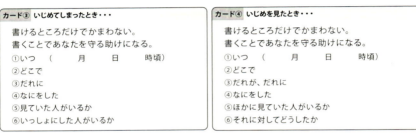

図表2-4 あなたの味方を書き出そう　　図表2-5 いじめられたとき

図表2-6 いじめてしまったとき　　図表2-7 いじめを見たとき

＊文部科学省・法務省・民間等の困った時の「いじめ相談」情報

文部科学省	24時間いじめ相談ダイヤル	0570-0-78310「なやみ言おう」
法務省	子どもの人権110番	0120-007-110・無料
民間	ストップいじめ！プロジェクトチーム チャイルドライン（18歳まで）	0120-99-7777・無料

図表2-8 困った時の「いじめ相談」

文部科学省

　文部科学省は2007年2月より、全国統一の「24時間いじめ相談ダイヤル」を設置しています。原則、電話をかけた所在地の教育委員会の相談機関に接続されるとのことです。ご存じない保護者の方もたくさん、いらっしゃるのではないでしょうか。ぜひ、ご活用されてください。

法務省

　法務省では、「子どもの人権110番」を設置し、いじめなどの問題で起こりがちな子どもの人権侵犯に関する相談を受け付けています。電話は最寄りの法務局・地方法務局につながり、相談は法務局職員または人権擁護委員が受けています。

出典：法務省人権擁護局（2012）　平成23年における「人権侵犯事件」の状況について（概要）2012年3月2日

民間

　2012年10月には「ストップいじめ！プロジェクトチーム」を結成し、いじめに関する情報をまとめた、子ども向けのいじめ対策ポータルサイト「ストップいじめ！ナビ」（http://ch.nicovideo.jp/stopijime）を開設しています。全国の相談機関を地域別、相談方法の種類別に検索できるようになっている他、保護者向けには、いじめの兆候に気づくためのチェックシートをダウンロードできるようになっています。

引用先：http://stopijime.jp/

第2章 お父さん・お母さんに伝えておきたい 「いじめの本質といじめの構造」

「わが子をいじめから どうやって守ればいいんでしょう?」

《かめだ》著者　いじめ・不登校・虐待、思春期のメンタルヘルスの『子ども相談研究所♪天使のとまり木♪』代表

《うえきさん》小学6年生 女子の母
子どもに関心を持てずにいたが、クラスで娘がいじめられていることに心を痛めている。

うえき：小学校6年生の時に、娘は、男子からも女子からも無視されることが続いたようです。自分が教室に入ると急に空気が変わって、ひそひそと話し始めたり、わざとらしく「あっち行こう!」と言う子がいたり、つらい体験をしたようです。

かめだ：教室に入る瞬間、きっと、勇気がいったでしょうね。よく、その雰囲気に耐えて頑張りましたね。

うえき：そうですね。小学校6年生だったので、中学生になるまでの我慢と思っていたそうです。おとなしいタイプで読書が好きな子だったので、図書館で本を読んで過ごしていたようです。家では私がいつでも娘の話を聞いてあげるようにしていました。

かめだ：どれくらい我慢すればよいか、時間的な見通しが持てたことと、好きな読書があったことで、なんとかいじめを乗り越えられたのですね。それから、お母さんが話を聞いて味方になってくれていたということが最も大きかったと思います。

うえき：つらさをわかってくれる人がいるだけで、何とか、乗り越えられるのですね。娘から、教わった気がします。

＊担任の先生から「お宅のお子さんにも問題があるのですが…」と言われて。

うえき：うちの娘は、おとなしく、引っ込み思案です。担任の先生に「クラスの子どもたちから無視されると娘は悩んでいます」と相談したことがあったのですが、「お宅のお子さんにも問題があるんですよね」と言われてしまい、まったく話し合いになりませんでした。悔しかったです。情けなかったです。

かめだ：それは、つらいことですね。お子さんにも問題があるという捉え方をする前に、きちんと事実確認をしてほしいですね。担任の先生の「いじめに対する認識」と感性が問われる問題です。少なくとも、いじめられた側がいけないという捉え方から脱却してほしいものです。

うえき：子どもに問題があると言われても、どこをどう直したらよいのか、さっぱりわかりませんし、娘にも追い打ちをかけるようなことは言えません。

かめだ：本当にその通りですね。いじめられている子どもは、"自分にもなおすべきところがあるのではないか"という"被害者帰属"を持ちやすいと言われています。この"被害者帰属"は、無力感を高め、人に支援を求めたり、支援を受ける姿勢を低下させてしまう可能性があるんです。いじめに遭っても、自分の側に立ってくれる仲間がいたり、誰か一人でもよいので、自分の味方となってくれる存在が欲しいものです。

うえき：うちの子、友だちも少ないし、心配です。

かめだ：お子さんへの対応ですが、まず、訴えを丁寧に聴いて、事実を正確に把握することが大切です。聴くときは、本気で聴く姿勢を整え、指示的にならぬよう辛さや苦しさを受け止めて、子どもの不安感を取り除いてあげてください。そして、お子さんには、「いつでも、あなたのことを見守っているし、あなたの味方だよ」とのメッセージを送ってみてください。かけがえのないわが子をしっかりと守れるのは、お母さんであり、お父さんなんです。

第2章　お父さん・お母さんに伝えておきたい　「いじめの本質といじめの構造」

第3章

もし、わが子が不登校に陥ってしまったら

第3章　もし、わが子が不登校に陥ってしまったら

「不登校のきっかけはいじめでした」

《かめだ》著者　いじめ・不登校・虐待、思春期のメンタルヘルスの『子ども相談研究所♪天使のとまり木♪』代表

娘が不登校になってしまった…。

《えもりさん》高校1年生 女子の母
心配性で子どもに干渉する。子どもは中学校2年生の時のいじめが原因で不登校となる。

えもり：中学1年生の時に、娘がいじめに遭いました。あの時に、担任の先生がきちんと両者の意見を聴いて対応してくれていたら、事態は変わっていたと思うのですが、どうしてもその時の先生の対応に納得がいかなくて、ずっと引きずっています。

かめだ：学校や先生の対応にご不満があったのですね。

えもり：そうなんです。先生は「いじめは双方に問題がある」と言って叱り続けるだけで、何も解決しませんでした。私たち親の意見も聞き入れてもらえることはありませんでした。

かめだ：それは納得がいかないでしょうね。先生も困っていたのかもしれませんが、それでは全員に不満が残るばかりでしょう。

えもり：高校生になって、いじめた子どもとは違う高校に通うことになったのですが、1年生の1学期に、教室が怖いと言い出して…。四角い教室と四角い机が並んでいるのを見ると、嫌な感情がよみがえってくると言います。いじめられたことがフラッシュバックして、高校にも通えなくなりました。

かめだ：そうでしたか。お子さんもお母さんもつらいですね。今、無理に登校を勧

第3章　もし、わが子が不登校に陥ってしまったら

めてお子さんを刺激するよりも、少し様子を見て、エネルギーが湧いてくるのを待つという選択肢もあります。

えもり：私もそう思うのですが、気持ちだけが焦ってしまいます。中学のときに、先生が対処できなくとも、私がなんらかの手立てを打っていればと思うと悔やまれてしかたがありません…。

解説　こうした相談はよくあるものです。ほとんどの保護者の方は、お子さんがいじめに遭った時のことを誰にも受け入れてしてもらえていない気がするのでしょう。受容・共感・傾聴はとても大切なことです。保護者の方が十分に聴いてもらえたという感覚がないと、繰り返し同じ内容を話されるものです。
　私たちカウンセラーは、そのような保護者の方々のお話をしっかりお聴きし、納得していただいたうえで、前を向いて歩き出せるようお手伝いしています。過去に原因を求めたり、長きに引きずり続けるよりも、「今、何ができるのか」を探りながら前向きで有効な手立てを打てるよう援助していきます。

不登校とは

1　不登校の定義

　文部科学省は、不登校を「何らかの心理的、情緒的、身体的あるいは社会的要因・背景により、児童生徒が登校しない、あるいは登校したくともできない状況にあるため年間30日以上欠席した者のうち、病気や経済的理由による者を除いたもの」と定義しています。
　調査が始まった1966年度から「学校基本調査」の中の長期欠席の理由別分類

の中に、「学校嫌い」という項目が新たに追加されて、1997年度からは分類名が「不登校」と変更されたという経緯があります。

2 不登校の実態

＊不登校児童生徒数の推移

　文部科学省が発表している平成26年度「児童生徒の問題行動等生徒指導上の諸問題に関する調査」によれば、平成3年度の小・中学校の不登校児童生徒数は、6万6,820人でした。次第に増加の傾向を続け、平成13年度には13万8,722人とピークを迎えました。その後、微減微増を繰り返し、平成26年度は12万2,902人で、小学生は2万5,866人、中学生は9万7,036人と報告されています。

　不登校生への対応には、柔軟的な相談室登校、保健室登校、別室登校、そして適応指導教室など様々な対応が取られています。しかしながら、なかなか減らない不登校の問題は、社会全体で対処していく問題として考えていく必要があると思います。

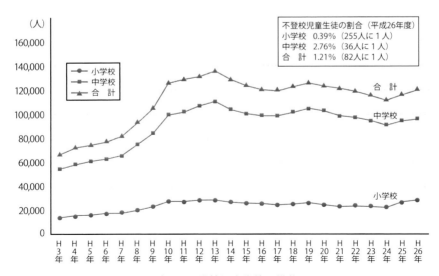

図表3-1 不登校児童生徒の推移

第3章　もし、わが子が不登校に陥ってしまったら

＊学年別不登校児童生徒数

　学年別不登校児童生徒の人数が最も多いのは、中学3年生の3万8,242人で、次いで中学2年生の3万4,834人となっています。中学1年生は、2万3,960人となっており、小学6年生では8,515人です。

　小学校から中学校進学時に大幅に増加することから、大きな環境の変化に対応できず不登校になる子が多いことが伺えます。また不登校数の伸び率は小学校よりも中学校の方が高いため、思春期の複雑な心や身体の状態も関係していることが読み取れます。

　小学校6年生で不登校に陥っている場合、この段階での学校復帰を目指さないと、中学校に入ってからでは、ますます学校に戻ることが難しくなります。

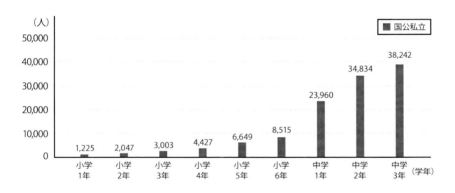

図表3-2 学年別不登校児童生徒数

＊不登校になったきっかけと考えられる状況

　不登校になったきっかけと考えられる状況については「学校に係る状況」「家庭に係る状況」「本人に係る状況」そして「その他、不明」に大きく分類され、複数回答可として集計されています。

　一番多かったのは「本人に係る状況」で9万9,150人です。次に多かったのは「学校に係る状況」の4万1,577人、「家庭に係る状況」は2万5,107人でした。

　「本人に係る状況」でその理由を多い順に挙げると、①不安など情緒的混乱（3

73

万6,603人）、②無気力（3万1,824人）、③病気による欠席（9,914人）、④あそび・非行（8,429人）と続きます。意図的な拒否においては6,232人もいることが分かります。

「学校に係る状況」を見てみると、①いじめを除く友人関係をめぐる問題（1万7,813人）、②学業の不振（1万800人）、③入学、転編入学、進路時の不適応（3,353人）の順になっています。いじめがきっけで不登校になった児童生徒は、1,373人ほどいます。

「家庭に係る状況」では、①親子関係をめぐる問題（1万3,451人）、②家庭の生活環境の急激な変化（6,886人）、③家庭内の不和（4,770人）という結果です。

不登校になったきっかけでは、「家庭に係る状況」でもなく、「学校に係る状況」「本人に係る状況」が最も多いことに驚かされます。その理由の中でも「不安など情緒的混乱」が最も多いという結果になっています。しかしながら、「本人による状況」には、家庭環境の問題も複雑に絡みあっているのではないでしょうか。保護者の方も含めた、スクールカウンセラー等の精神面へのアプローチが望まれます。

引用文献：文部科学省　平成26年度「児童生徒の問題行動等生徒指導上の諸問題に関する調査」

＊ 不登校のタイプとは

不登校の原因は、心理・社会面、学習や発達の側面、家庭環境と様々な要因が複雑に絡み合っており、特定することが難しいといえます。

文部科学省が発表した、『不登校に関する実態調査　～平成18年度不登校生徒に関する追跡調査報告書～』においても、不登校のきっかけは、複雑化・多様化が進んでおり、生活習慣の乱れも高い割合となっているなど、その原因特定の難しさを示唆しています。

資料の中では、不登校を、無気力型、遊び・非行型、人間関係型、複合型、その他型の5つに類型化しています。そして、一度、欠席状態が長期化すれば、回復が困難であり、「最初に学校を休み始めた」時期と長期化した時期との間の「潜在期間」に注目した対応が必要であると指摘しています。

「不登校の主な継続理由」については「無気力でなんとなく学校へ行かなかったため（43．6％）」、「身体の調子が悪いと感じたり、ぼんやりとした不安があっ

たため（42.9％）」、「いやがらせやいじめをする生徒の存在や友人との人間関係のため（40.6％）」、「朝起きられないなど、生活リズムが乱れていたため（33.5％）」、「勉強についていけなかったため（26.9％）」、「学校に行かないことを悪く思わないため（25.1％）」と報告しています。

　「中学校3年生の時に受けていた主な支援」については、学校にいる相談員（スクールカウンセラー等）　34.0％、学校の先生 29.5％、病院・診療所 24.1％、学校の養護教諭 23.6％、教育支援センター（適応指導教室）　19.7％、民間施設（フリースクールなど）　8.8％、　何も利用しなかったと回答した者は 22.5％でした。

　何の支援も受けてこなかった子が22.5％と全体の四分の一にものぼるため、この層へのアプローチがより重要かと思われます。相談員やスクールカウンセラー等の活用など、生徒や保護者へどのように広めていくかが鍵となるでしょう。

　さらに「不登校の主な継続理由」では、無気力や身体の調子が悪い、生活リズムの乱れ等が挙げられていますが、家庭での子どもの様子を保護者が把握し、早めに相談や医療機関を受診するなどの対応が求められます。

引用文献：http://www.mext.go.jp/a_menu/shotou/seitoshidou/1349956.htm

＊ 不登校生　状態像チェックリスト

　書籍『学級経営力を高める教育相談のワザ⑬』の中の「不登校への対応と学級づくり」の項目には、不登校のどの段階にあるか見立てるための「状態像チェックリスト」があり、初期（不安定・混乱期）、中期（膠着・安定期）、後期（回復・試行期）の3段階に分けて、その状態が示されています（図表3−3）。各項目に当てはまるところをチェックし、多く該当したところが現在の段階となります。お子さんの状態を確認するために、ぜひご活用ください。

第3章　もし、わが子が不登校に陥ってしまったら

初　期 不安定 混乱期	①腹痛・頭痛・発熱など身体症状がある ②食欲・睡眠時間等の生活の乱れがある ③感情や行動のコントロールができない ④気力が低下する ⑤恐怖感が強く、人目を避け外出しない ⑥学校の話題に激しい拒否感を示す
中　期 膠　着 安定期	①気持ちが外に向き、活動の意欲が出る ②趣味や遊びに関心がわく ③気持ちを言葉で表現する ④きっかけになった出来事に触れても混乱がない ⑤気力が低下する ⑥手伝いや家族への気遣いをする ⑦部屋の掃除や髪のカットなど整理・区切りをする ⑧気の置けない友人に会う ⑨子どもの状態に配慮する先生に会える ⑩教育センターや適応教室に通い始める
後　期 回　復 試行期	①自分を肯定する言葉が出てくる ②進学や就職の話しをするときに笑顔が現れる ③アルバイトや学習を始める ④担任や級友など学校関係者に会う ⑤登校や進学・就職に向けて動き出す ⑥不登校のことを振り返る

図表3-3 状態像チェックリスト

引用文献：『学級経営力を高める教育相談のワザ⑬』会沢信彦・田邊昭雄編著
p47　表2状態像チェックリスト

わが子が不登校になった時
不登校生支援の実際

　相談室は、さまざまな理由から教室に行けない子どもたちの居場所であり、教室に復帰するまでの心の居場所と架け橋でもあります。ここでは、2年間相談室登校をしていたL子さんのケースについてご紹介します。

1　学校相談員・さわやか相談員による不登校支援

＊ 事例の概要

　中学1年生の3学期から学校に登校できなくなったL子さん。2年生になる4月最初の始業式に学校に登校できるかどうかが、彼女にとって不登校解消の大切なポイントとなります。
　担任、スクールカウンセラー、相談員で、L子さんにどんな働きかけができるかを検討し、まずは元担任からの電話で始業式に誘いました。しかし残念ながらその日、L子さんは学校に登校できませんでした。
　L子さんが相談室にやって来たのは、始業式から2週間ほど経ってからでした。恐る恐る相談室のドアをノックします。上履きを履かずに、白のソックスでやって来たのが印象的でした。L子さんの宙を漂う瞳やそわそわした姿など、その不安そうな態度が真っ先に伝わってきました。相談室には、さわやか相談員の私と、ボランティア相談員が1名います。私たちは、簡単な自己紹介をして、相談室に来てくれたことを労いました。これからどうしたいのか、どういう形であれば学校に来られるのかを、負担のない範囲で聴いて確認します。
　不登校に陥ってしまった子どもの対応には細心の留意を払います。不登校生は、心に葛藤を抱えながら、日々、自己と対峙し、周囲にも並々ならぬエネルギーを費やしているといえます。
　L子さんは私と話していても、いつも手の中からすり抜けていくような感じの生徒

第3章　もし、わが子が不登校に陥ってしまったら

でした。彼女の興味関心がどこにあるのか分からず、自分のことを話してくれること
はほとんどありませんでした。

＊ 支援の実際

　2年生の1学期は相談室登校もまばらでしたが、2学期は徐々に登校日数も安定
を見せるようになりました。私との信頼関係が築かれ始めた2学期後半、不登校に
至った原因は「いじめ」にあると自ら語るようになりました。3学期には、母親と担任、
相談員とで面談を実施し、3年生に向けての共通認識を図ることができました。母
親は教室復帰を望んでいますが、本人は相談室登校のままでいたいと語りました。

　3年生になると、少しずつ教室で授業を受けるように担任からの促しがありまし
たが、彼女の拒否感は強かったように感じます。しかし2学期になってみると、徐々
に教室で授業を受けたり、給食を食べたりすることができるようになりました。L子
さんにとってとても大きな進歩でした。

　3年生は、進路を決める大事な時期です。担任が相談室に来て、L子さんと話すこ
とも増えました。3年生のメインイベントである卒業式の練習にも時々参加すること
ができました。卒業式当日、式に出席して卒業証書を手にした姿を見たときは、感
動の涙が溢れてきました。

　しかし、L子さんとの約2年間を振り返ると、さまざまな課題があったことにも気
づかされます。

　支援当初、担任が教室に引っ張る手を、ものすごい力で拒絶したL子さんの姿が
ありました。それほど「教室」を恐れていた彼女が、相談室に登校してきた理由を
私たちは十分に汲み取れていたのでしょうか。L子さんの個性、持ち味、長所を理解
していたか、そのアセスメントは十分だったのか。そして、L子さんにとって、本当の
意味での「自己決定」はあったのか。教員、相談員、保護者の自己満足で終わって
しまってはいなかっただろうか。

　学校の中の組織化された相談室で、生徒はどこまで心を開けて、どこまで心を許
すことができたのか。多くの課題が浮き彫りになってきました。

第3章　もし、わが子が不登校に陥ってしまったら

＊ 支援のポイント

- 相談室が安心できる居場所としての存在となる
- 学校、教室に行くことの意味を子ども自身も支援者側も捉え直してみる
- 子どもの自己決定を大切にする

＊ 心の居場所となる相談室を目指して

　生徒や保護者から、中学校や小学校のなかにある"相談室"は、「敷居が高くて、利用しにくい」という声が寄せられています。「担任の先生の了解を得ないといけないんでしょうか」「まずは担任の先生に知られたくないのですが、話が伝わってしまうのではないんでしょうか」という不安を抱えている人も多いものです。

　さて、子どもたちにとって、相談室はどのような存在なのでしょうか。ある学生さんは、当時の相談室を次のように語っています。

　「中学校に相談室はあったけど、誰も使っていない感じ。奥まったところにあって、ちょっと薄気味悪い感じでした。ドアはクローズで入りにくかった。暗かったし。登校拒否の子とかが使うみたいな感じでした」

　また、こんな声もあります。

　「小学校に相談室がありました。あまり利用されている感じではなく、暗い感じで行きにくかった。中学校のことはよく覚えてないんですけど、先生は距離があって相談しにくかった。みんな、友だちや母に相談して解決していたように思う」

　別の学生さんは「小学校はなかったけれど、中学校にはあった。昼休みと放課後、開いていた気がする。相談室には、あまり力を入れている感じではなかった」と語っています。

　当時の相談室について語ってもらいましたが、どの声も「相談室は、暗いイメージがあって、行きにくく、あまり利用されていなかった」という感想です。保護者の方にとっても、子どもたちにとっても、風通しのよい利用しやすい相談室を目指して行きたいと思いました。

　また、相談室で話したことは、担任や他の先生に知られてしまうのではないかという思いが少なからずあるようです。相談員は、本人の希望がなければ生徒との相談内容を担任の先生も含め外部に話すことはありません。しかし生徒たちはできれ

79

第3章　もし、わが子が不登校に陥ってしまったら

ば相談したいとは思っていながら、それにより話が大きくなってしまうのではないか、事態が悪化してしまうのではないかという思いも持っていそうです。

　学校の中にある相談室の活用は今一歩ですが、昼休みに広く相談室を開放をしてみたことで、これら生徒たちの意見を聴くことができました。彼らの現状を知る上で大変有効でしたが、やはり個々の相談となると相談室の敷居は高いようです。

　中学生にとって、「相談」が意味するものを考えていくと、日常的に発生する悩みや課題は、家族や友達に話すことでたいていは解決すると考えられます。しかし、学校の中で起こった課題に対して相談することは、かなり勇気のいることのようです。

　まずは相談室の存在をしっかり知ってもらうこと、安心して話せる場であること、相談の効果を伝えていくこと、相談室の機能を充実していく工夫、保護者へ利用を呼びかけていくことなどが活性化に必要と思われます。

2　スクールソーシャルワーカーによる不登校支援

＊ 事例の概要

　スクールソーシャルワーカーとして関わった、小学校2年生のM子さんの事例を紹介します。

　彼女が不登校になった理由に「授業中、男の子がうるさくてクラスにいたくない」ということがありました。担任、教育相談主任、スクールソーシャルワーカーが集まりケース会議を開き、どのような支援をしていったらよいかを話し合いました。

＊ 支援の実際

　まずはじめに“出会いの一歩”として、相談員とスクールソーシャルワーカーとで家庭を訪問し、挨拶に伺いました。子どもを主体として、保護者、相談員、スクールソーシャルワーカーとで「今後、どのようにしていくか」について検討します。

　その話し合いの結果、M子さんは「学校に行き、少しでもよいのでクラスで過ごす」ということを目標に置きました。

朝、10時半頃に、スクールソーシャルワーカーが自宅へ行き、M子さんの気持ちを最優しながら、登校するかどうかを決定してもらいます。長期の目標を見据えながら、過度な登校刺激にならないよう注意します。

　M子さんは、自宅でハムスターを飼っています。ハムスターが大好きです。ハムスターの話題になると生き生きと目を輝かせます。朝、スクールソーシャルワーカーがM子さんに声かけして、登校することが決まると、学校に着くまでの5〜6分間、ハムスターの話題で盛り上がります。M子さんにとっての興味・関心にスクールソーシャルワーカーとしても心を寄せていくことが大切になります。

　M子さんは、スクールソーシャルワーカーの勤務日に週2日の登校が可能になり、その後、お母さんの協力も得ながら週3〜4日ほど学校に通えるようになりました。

　午前中、クラスで授業を受けて、給食を食べます。5時間目、授業に参加できる時は参加し、できない時はスクールソーシャルワーカーと共に下校します。そのような形で少しずつ登下校に慣れていくようにし、数か月後には学年の下校班で下校できるようになりました。

　支援のなかで工夫した点として、「登校がんばりシート」を作成しました。登校できた日にはシールを貼っていきます。1週間が経ったところで、保護者の方にもそのシートを見てもらいながら、できるようになったことや、友達との交流の様子など、学校での出来事を丁寧にお伝えします。

　支援に対して、M子さんの適応能力は、かなり高かったように感じました。決して学校が嫌いなわけではなく、周辺環境を整えてあげることで登校することが可能となっていきました。

　母親は人と接することが苦手なため、人と関わらなくてよい夜間帯の清掃の仕事を選んでいました。夜に働いたあとは、どうしても登校時間に、母親が起きられず、M子さんも寝てしまっていることが多かったようです。まだ幼かったM子さんは、授業の準備もままならず、登校できない状態だったのです。

　本事例のように、子どもへの支援には環境調整が必要となる場合があります。これは保護者自身への環境調整でもあります。支援当初、母親は無表情で口数も少なかったのですが、時間をかけて丁寧に関わりを続けていくうちに、スクールソーシャルワーカーに笑顔を見せて挨拶をするように変化していきました。娘の学校での様子がわかり、母親も安心したのか、一度も参加したことのない保護者会にも顔を出すようになりました。

　M子さんが学校を休んだ日に、クラスからのお便りと共に、手作りの折り紙の

第3章　もし、わが子が不登校に陥ってしまったら

作品を母親に手渡したところ、ポタポタ涙を流して喜びを噛みしめていました。人との温かな関わりの中で、表情も柔和となり、感情も豊かになっていきました。スクールソーシャルワーカーとしても"やりがい"を実感できた瞬間です。

　当時、小学2年生だったM子さんも、今では中学2年生となり、勉学にスポーツにと元気に励んでいるようです。母親も含めた周辺環境へのきめ細やかな支援が、じわりじわりと浸透していくケースだったように思います。

＊ 支援のポイント

- まずは、環境調整とお母さんへの元気づけから支援する
- 子どもの興味を抱いていることに関心を持ち続ける
- 本人のペースを大切に、本人の力を信じる

3　スクールカウンセラーによる不登校支援

＊ 事例の概要

　スクールカウンセラーの配置状況は、県や市町村によっても違いますが、主に中学校に配置されています。中学校の生徒や保護者はもちろんですが、小学生やその保護者でもスクールカウンセラーの面接を受けることが可能です。近隣の中学校、もしくは学区指定の中学校の相談室に電話を入れて、面接日時を予約してもらいます。

　私が中学校の「さわやか相談室」に勤務する相談員だった時、小1男児（N君）の不登校に悩むお母さんが相談にみえました。スクールカウンセラーと親子での面接、時には、母親のみの面接が行われます。週1回の面接からスタートし、安定してきた2ヶ月過ぎには、隔週の面接に移行していきました。

　母親が話しをすることで、心の整理や気づきを促すことにつながったようです。

第3章　もし、わが子が不登校に陥ってしまったら

＊支援の実際

　スクールカウンセラーは、子どもや保護者の様子や発言から、大切なメッセージを読み取りそれを丁寧に紐解くことで、心理面での問題をご自身で解決していけるよう手助けをします。面接の他に、必要に応じて「発達検査」を勧めることもあります。「発達検査」を受けるか否かの決定は、子どもと保護者に委ねられています。

　保護者がスクールカウンセラーの面接を受けるメリットは、一人で悩みを抱え込まずにいられることや、次回の面接までの期間、自身を見つめ、どのような事を話すかと考えることで、心の整理につながることです。この事例でも、保護者は毎回の面接で自身と向き合うことで、混乱することなく、先の見通しを持つことができたようです。

　中学校に「スクールカウンセラー」が配置されていることや、活用について認知されている保護者は少ないようです。中学校の相談室から、地域の小学校に向けて、相談室活用の啓蒙活動も必要であろうと思います。

　子どもの小さな異変に気づいた時は、ひとりで抱え込まず、専門家のアドバイスを受けてみることは非常に重要です。早めのスクールカウンセラーのご活用を推奨いたします。

＊支援のポイント

- 子どもの異変に気づき、相談室に繋がることは大きな一歩であることを伝える
- 相談室では話しやすい雰囲気づくりに心がけ、保護者への労いの言葉を忘れない
- 適切な情報を提供しながら、子どもと保護者の自己決定に委ねる

4　学校心理士による不登校支援

　近年、教育センターには「学校心理士」が配置される傾向にあります。学校心理士は、学校をフィールドに、学校生活におけるさまざま問題に対し、カウンセリングなどにより、子どもや保護者に対して直接的支援を行います。

83

第3章　もし、わが子が不登校に陥ってしまったら

＊ 事例の概要

　O子さんは、中学1年と2年の頃、3学期になると学校に行くのを渋り、不登校傾向に陥りました。不登校のきっかけは、友人関係がうまくいかないことに起因しています。

　母親はO子さんが学校に行けないことを「何とかしたい、何とかしないと、引きこもりになってしまう」という悪循環の考えの中でさまよい疲弊していました。

　O子さんに話を聴いてみると、「お母さんは、マイナスのことしか言わないんです。頑張ろうとしているのに、高校は絶対に無理！と言って追い打ちをかけてくる」という母親への不満の声をもらしました。

＊ 支援の実際

　週1回程度、1か月半の面接となりました。まずは、母親との面接をA相談員が行い、O子さんの面接を学校心理士の私が担当しました。親子別々の面接を2回ほど実施したところで、不登校に対する母親の思いとO子さんの思いに食い違いがあることが分かりました。

　そこで、母親とO子さん双方の思いをくみ取りながら、冷静に仲介する役割を心がけました。母親の思いが強すぎると、それは子どもにとっては大きな負担になってしまいます。力んでいるお母さんの思いを一旦受け止め、その真意を冷静な言葉でO子さんに伝えるようにしました。また母親にはO子さんには自分で立ち上がろうという意志があり、見守って欲しいと思っていることを伝えました。

　母親は、子どものことを分かっているつもりで、全く理解できていなかったことに気づかれました。そしてO子さんは、母の思いは愛情から出たものであること、その思いが強すぎて空回りしてしまっていたということを理解してくれました。

　学校心理士としての私が大事にしている視点は、基本的に「母親の力、子どもの力」を信じていくことです。すれ違った思い、掛け違えた思いを丁寧に紐解きながら、あるがままの姿に気づいて頂く、そんな役割を担っているのかなと実感します。

　ふたりには、娘の課題と母親の課題とを分けて考えることを提案しました。「学校に行く行かないはO子さん自身の課題です。ここは、本人の決断に任せ、その責任も本人に引き受けてもらう覚悟をしてみませんか？」と具体的に母親に提案しました。

　その後、O子さんは担任の先生の力添えもあり、在校生として卒業式に参加する

84

第3章　もし、わが子が不登校に陥ってしまったら

ことができました。カウンセリングを通した母親の変容により、O子さんもよい方向
へ向かった事例と言えます。

＊ 支援のポイント

- 子どもと母親の間で掛け違えた思いを丁寧に紐解き、双方に伝える
- 子どもの課題と母親の課題とを分けて考え、各々のできることを考えてもらう
- 子ども自身の決定を信じて、任せてみる

5 担任・教員による不登校支援

＊ 事例の概要

　小学校2年生だったP君は、宿題が分からない、明日の準備が分からない等のこ
とで激しく混乱してしまいます。そのことで、登校渋りがしばしばありました。
　ときには夜遅い時間に母親から電話がかかってくることや、早朝にP君本人から
電話がかかってくることもありました。P君は興奮し言葉を詰まらせながら、「なに
を持っていけばいいんだ！」という強い言葉を発し、泣きじゃくってしまいます。
　P君は、こだわりが強く、やや自閉傾向があります。友達とのやり取りにおいても、
うまく感情を表に出せずに誤解を招いてしまうことも度々ありました。さらに相手
に思いが通じないと、パニックを起こし感情を爆発させてしまいます。
　また、新しい場面に直面したときも、緊張感の高まりから同じようにパニックに
なり易い面が見られます。

＊ 支援の実際

　まず、P君が落ち着くように、クラスにおいて「安心できる居場所づくり」を心掛
けました。子どもたちに協力してもらい、P君が混乱した時に、「だいじょうぶ？」と

85

そばに来て優しく見守ってくれる環境を整えました。また、P君が興奮した時は、まずその場から離れさせ、気分転換できる場に移動、興奮が鎮まったら教室に戻るように支援しました。気分を落ち着かせる呼吸法を取り入れることもありました。

お花への水やり係など、P君がクラスの中で、無理なくできる役割を与えました。できた事実を褒めて認めていくことで、自分はクラスの中で役立っているという感覚を感じてもらいます。

保護者に対しては連絡帳等を通して、今日の様子や気になることなどを丁寧に記述し、伝えていきました。早めに伝えたいことがあった時は、電話でも伝えました。お子さんの学校での良い面をお話ししながら、ご家庭での最近の様子を伺っていきました。

丁寧な支援を積み重ねていくうちに、2学期後半ごろからP君もずいぶんを落ち着きをみせ、登校渋りもなくなってきました。宿題を忘れても、きちんと理由を話せば大丈夫であること、また次の日に準備する物は、連絡帳にきちんと記述し、不明な時は、隣の子や担任に聞くという生活パターンを作り上げていきました。

保護者の皆さんにお伝えしたいのは、登校渋りや不登校には、今回の事例のように対策することが可能ななんらかの要因があるものです。一人で抱えず、児童のことを理解している担任の先生に、まず相談してみることをお勧めします。保護者と担任の先生とで同じ目標に向かって協力することができれば、必ず課題を解決していくことが可能です。ためらわないで、担任の先生に相談してみましょう。学校で起こっていることは、学校で解決していくことが望ましいのです。

＊ 支援のポイント

- クラスで役割を与えて、頑張ったことを承認していくことを心がけた
- 興奮したり混乱したりした場合、クールダウンする場所を確保するとともに、生徒たちとも協力し、教室が安心できる居場所となるよう心がけた
- 保護者との密な連携を図り、小さなことでも早目に伝えることを心がけた

第3章　もし、わが子が不登校に陥ってしまったら

お父さん・お母さんへ伝えたいメッセージ
～学校に行かないという1つの選択～

　平成25年9月、一般社団法人ISM教育相談研究所主催の「学校に行かないことを選択した子どもたちへの支援」という教育シンポジウムが行われました。私はそのパネリストとして参加させていただいたことで、あらためて相談員支援や不登校生について深く考える機会を得ました。
　そこでの経験やディスカッションの内容を踏まえ「不登校生の支援のポイントとして大切にしたいこと」をまとめてみました。

＊学校、教室に行くことの意味を、親子で捉え直してみましょう

　親として、子どもにとって学校がどんな意味を持つのかをじっくりと考え、また子ども自身にも考えてもらいながら、親子でしっかりと話し合ってみましょう。その際、親の意見を押しつけないことが大切です。

＊選択肢を増やしてみましょう

　「学校には今すぐ行くべきだ」という考えでは、親も子も悩み苦しむことになります。以下で紹介した他にもさまざまな選択肢が考えられます。納得のいく方法をさぐってみましょう。
- まずは落ち着くまで学校は休ませる。専門家に相談する
- 教室に行けない場合は、相談室、保健室へ登校する
- フリースクールに通う
- 日本の学校とは雰囲気の違うインターナショナル・スクールへ行く
- 転校する
- 海外の学校へ行く

第3章　もし、わが子が不登校に陥ってしまったら

＊ 子どもの自己決定を大切に…

　子どもが「何をしたいのか」「どう生きていきたいのか」をじっくりと聴いてください。そして、自分自身の決定に責任を持たせることも大切になってきます。

＊ 学校に行かないという選択

　不登校だからこそできることに着目することも大事です。自分の得意分野を伸ばしていくことも可能ですし、本当にやりたいと思っている夢に向かって努力することもできます。

　ある不登校になった男の子は、パソコンを独学で学び、今ではパソコンを作る側となったそうです。子どもの適性や才能が開花した素晴らしい事例かと思います。

　またある女の子は長きに渡る不登校の最中に「子ども向け職業体験型アトラクション」で、働くことの楽しさに目覚めました。今ではそこで出会ったあこがれの職業に就くため、ついには学校に戻り勉強するという選択をしました。

　不登校であることは、子どもだけではなく、親としての成長の機会でもあります。素晴らしい「親育て」なのです。不登校は、周囲と同じでない分、見方を変えればたくさんの可能性があるとも言えます。ぜひそのメリットにも目を向けてください。

第3章　もし、わが子が不登校に陥ってしまったら

「わが子が不登校になってしまった…」

《えもりさん》 高校1年生 女子の母
心配性で子どもに干渉する。子どもは中学校2年生の時のいじめが原因で不登校となる。

＊いじめられていることを担任に話したら、娘との関係が悪化して…

えもり：実は、いじめられていることを担任に話したのですが、そのことが娘に伝わり、「言っちゃイヤって言ったのに！お母さんどうして言ったの？」と責められたことがありました。それからは、娘にも先生にも何も言えずにいます。

かめだ：命にかかわることや緊急を要する場合は、待ったなしで相談することをお勧めいたします。もし様子を見て余裕があるようでしたら、お子さんと解決法をじっくりと話し合ってから、再び学校や専門家などにご相談されるのがよいと思います。

＊担任に相談しても、その後の連絡がなくて…、どうなっているのか…

えもり：担任の先生に相談しても、何の連絡もなくて、いったいどうなっているのか不安でした。学校からすると、いじめられていると訴えた側が、厄介な保護者と捉えられがちなのですが…。

かめだ：小さなことでも、大きなことに発展する前に担任の先生に相談した方がよいですね。先生方は、日々、忙しい毎日を過ごしていますが、いじめは人権や命に関わることですから、躊躇せず連絡してみてください。
　先生方も、いじめをそのままにしておきたいわけではありません。その経過を

第3章　もし、わが子が不登校に陥ってしまったら

報告することで保護者も安心し、信頼関係を築いていけるのだということを実感していっていただけるといいですね。

えもり：そうなんです。一気に解決を望んでいるわけではなくて、先生が自分の子どものために時間を割いて動いてくれているという事実だけで、先生への信頼感も違ってきます。ひとこと、経過報告があると安心します。家での子どもへの対応もわかってきますので。

＊ 妬みや嫉妬からのいじめを受けて…

えもり：一人っ子だったこともあって、欲しいというものは買い与えてあげられる環境にありました。すると、友だちの1人から、「いいね。〇〇ちゃんの家は、お金があって…」と言われるようになったそうです。それから、いじめが始まったようです。妬みや嫉妬からのいじめにはどう対処すればいいでしょう。

かめだ：思春期では、他人と自分を比較して、ない物を求める傾向が強いようです。みんな様々な環境のなかで暮らしていて、みんな違っていていいはずですが、まだそこまで考えるのは難しく、人と比べて自分を卑下してしまう傾向があるようです。卑下した気持ちは、いつしか屈折した表出の仕方をしてしまいます。

えもり：子どもたちの心理って難しいですね。うらやましがられても、やっかまれても、自分ではどうしようもないですね。対処のしようがないものですね。

かめだ：ことさら、ひけらかさないのであれば、過剰に反応することはないし、娘さんに非はないことを伝えてみてください。本人がそのことで変に優越感や人と違うといったような意識を持たないようにすることが大切です。いじめる子はそのような部分に過敏に反応しますので。
　それでもいじめが起こってしまうような場合は、すぐに先生に相談するようにしてください。えもりさんも、いつも娘さんの味方でいることを普段から態度で示してあげていてください。

90

第4章

大切なわが子を虐待しないために

第4章　大切なわが子を虐待しないために

「最近、息子にイライラしてしまいます…」

子どもに手を上げてしまいそうです。私は大丈夫でしょうか？

《かめだ》著者　いじめ・不登校・虐待、思春期の『子ども相談研究所♪天使のとまり木♪』代表。

《おかださん》　小学3年生 男子の母
母子家庭で忙しくする中、息子のやんちゃが激しくなり、日々イライラ。

おかだ：息子も小学3年生になり、やんちゃが激しくなってきました。最近ではオモチャを買ってくれと激しくグズったり、部屋も散らかし放題。毎日、息子にイライラしています。

かめだ：おかださんはひとり親家庭ですし、最近はお仕事もお忙しくなったとおっしゃっていましたね。時間にも心にも余裕が持てないのでないですか？

おかだ：そうなんです。息子はかわいいと思いながらも、日々私の言うことをきかず、忙しい中ごはんを作っても食べてくれなかったりと、最近は叱ってばかりで、心身ともに疲労しています。手を上げたい衝動が湧いてきて、感情のコントロールがうまくいきません。

かめだ：そのようなお母さんは多いと思います。しつけと虐待の違いも難しいところですしね。

おかだ：一度手を上げてしまうと、どんどん「虐待」へとエスカレートしていくと聞きました。自分もそうなってしまうのではないかととても恐ろしいです。

かめだ：それはご心配でしょうね。その前にまずは「虐待」とは何かについて、一緒に考えてみましょう。

第4章　大切なわが子を虐待しないために

虐待とは何か

「虐待」は大きな社会問題になっています。まず、「虐待」とは何かを厚生労働省から出されている定義から示し、次に法改正について説明していきます。

1　虐待の定義

平成12年に施行された「児童虐待の防止等に関する法律」（以下「児童虐待防止法」という）の第2条において「児童虐待の定義」が掲げられています。

> この法律において、「児童虐待」とは、保護者（親権を行う者、未成年後見人その他の者で、児童を現に監護するものをいう。以下同じ。）がその監護する児童（十八歳に満たない者をいう。以下同じ。）に対し、次に掲げる行為をすることをいう。一．児童の身体に外傷が生じ、又は生じるおそれのある暴行を加えること。二．児童にわいせつな行為をすること又は児童をしてわいせつな行為をさせること。三．児童の心身の正常な発達を妨げるような著しい減食又は長時間の放置、その他の保護者としての監護を著しく怠ること。四．児童に著しい心理的外傷を与える言動を行うこと。と規定している。

＊法改正について

平成16年（2004年）の「児童虐待の防止等に関する法律の一部を改正する法律」では、第2条中の「対し、次に掲げる行為をすること」を「ついて行う次に掲げる行為」に改めています。その他、改められたものについては下線を付けておきます。

第4章　大切なわが子を虐待しないために

　この法律において、「児童虐待」とは、保護者（親権を行う者、未成年後見人その他の者で、児童を現に監護するものをいう。以下同じ。）がその監護する児童（十八歳に満たない者をいう。以下同じ。）について行う次に掲げる行為をいう。

一．児童の身体に外傷が生じ、又は生じるおそれのある暴行を加えること。

二．児童にわいせつな行為をすること又は児童をしてわいせつな行為をさせること。三．児童の心身の正常な発達を妨げるような著しい減食又は長時間の放置、保護者以外の同居人による前二号又は次号に掲げる行為と同様の行為の放置その他の保護者としての監護を著しく怠ること。四．児童に対する著しい暴言又は著しく拒絶的な対応、児童が同居する家庭における配偶者に対する暴力（配偶者（婚姻の届出をしていないが、事実上婚姻関係と同様の事情にある者を含む。）の身体に対する不法な攻撃であって生命又は身体に危害を及ぼすもの及びこれに準ずる心身に有害な影響を及ぼす言動をいう。）その他の児童に著しい心理的外傷を与える言動を行うこと。としている。

　改正のポイントは、同居人による虐待を放置すること等も対象するなど児童虐待の定義の見直しをしています。また、通告義務の範囲を拡大し、虐待を受けたと思われる場合も対象とし、市町村の役割の明確化や要保護児童対策地域協議会の法定化等、改正されています。

　平成19年には、児童の安全確認等のための立入調査等の強化の他、保護者に対する面会・通信等の制限を強化し、保護者に対する指導に従わない場合の措置を明確にしています。

　虐待をする親から子どもを徹底的に守ろうとする姿勢が読み取れます。

2 虐待の実態

＊児童虐待相談対応件数の推移

　厚生労働省の発表によれば、平成26年度の全国の児童相談所が受け付けた児童虐待相談対応件数は、8万8,931件でした。児童虐待防止法施行前の平成11年度に比べ、平成26年度は7.6倍に増加しています（図表4−1）。

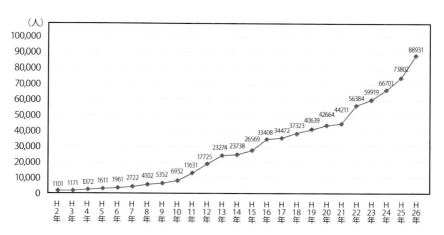

図表4-1 児童虐待相談対応件数の推移

　児童虐待が社会問題となり久しいのですが、一向に減らないどころか、増加傾向を示しています。虐待をしてしまう保護者への心のケアや虐待の正しい知識を伝えることが必要であることを実感します。

＊虐待の種類別、虐待者別、虐待を受けた子どもの年齢構成別の内訳

◆種類別
　児童虐待を種類別に示したものが図表4−2です。心理的虐待が43.6％で最も多く、次いで身体的虐待が29.4％となっています。
　すべての虐待は心理的虐待の要素を含むと捉えられています。心理的虐待は身

第4章　大切なわが子を虐待しないために

体的虐待のように表面に見えにくく、しかし、子どもの心は蝕まれていくわけで注意
が必要です。性的虐待は統計的には、わずか1.7％という数字ですが、水面下では
10％〜15％とも言われています。他の虐待に比べて「特殊性」が高く、心理面での
ダメージの大きさは計り知れません。

種類	身体的虐待	ネグレクト	性的虐待	心理的虐待	総数
	26,181(29.4%)	22,455(25.2%)	1,520(1.7%)	38,775(43.6%)	88,931(100.0%)

図表4-2　種類別

◆ 虐待者別

　虐待者別にまとめたものが図表4−3です。実母が52.4％と最も多く、次いで実父が
34.5％となっています。その他には祖父母、伯父叔母等が含まれています（図表4−3）。
　「実父母以外の父母」というのは、いわゆる継父母のことです。虐待するのはこ
の継父母が多いのではないかと想像されがちですが、実態は実母（52.4％）、実父
（34.5％）が圧倒的に多くなっています。虐待をしてしまう実母は、「実は愛情が
ないわけではない」とも言われています。"しつけ"のつもりが、いつしか、コントロール
を失って、気が付いたら"虐待"をしていたということは多いようです。

虐待者	実父	実父以外の父	実母	実母以外の母	その他※	総数
	30,646(34.5%)	5,573(6.3%)	46,624(52.4%)	674(0.8%)	5,414(6.1%)	88,931(100.0%)

図表4-3　虐待者別

◆ 虐待を受けた子どもの年齢構成別

　虐待を受けた子どもを年齢構成別にまとめたのが図表4−4です。小学生が34.5％と最
も多く、次いで3歳から学齢前児童が23.8％、0歳から3歳未満が19.7％でした（図表4−4）。
　0歳〜3歳未満は19.7％、3歳〜学齢前は23.8％と合計すると43.5％を占めてい
ます。特に、乳幼児期の保護されて愛情をかけられるべき時期に虐待を受けること
は、愛情を基盤とする人との信頼関係の構築に影響を与えます。

第4章　大切なわが子を虐待しないために

被虐待児	0歳～3歳未満	3歳～学齢前	小学生	中学生	高校生等	総数
	17,479(19.7%)	21,186(23.8%)	30,721(34.5%)	12,510(14.1%)	7,035(7.9%)	88,931(100.0%)

図表4-4 虐待を受けた子どもの年齢構成別

＊ 子ども虐待による死亡事例等の検証結果について

　平成27年10月に発表された「子ども虐待による死亡事例等の検証結果等について（第11次報告）の概要」では、平成25年4月1日から平成26年3月31日までの12か月に発生、または表面化した児童虐待による死亡63事例（69人）を示しています。（図表4－5）。

区分	第11次報告			（参考）第10次報告		
	心中以外の虐待死	心中以外の虐待死（未遂を含む）	合計	心中以外の虐待死	心中以外の虐待死（未遂を含む）	合計
例数	36	27	63	49	29	78
人数	36	33	69	51	39	90

※未遂とは、親は生存したが子どもは死亡した場合を言う。

図表4-5 子ども虐待による死亡事例等の検証結果等について（第11次報告）の概要

　資料は多岐に渡りますので本書では割愛しましたが、図表4－5以外の部分を要約しますと、心中以外の虐待死では、死亡した子どもの年齢は、0歳が16人（44.4%）と最も多く、0歳から2歳までを合わせると24人（66.7%）と大部分を占めているという報告です。虐待の種類は、身体的虐待が21人（58.3%）、ネグレクトが9人（25.0%）でした。

　直接死因は、「頭部外傷」11人（有効割合39.3%）が最も多く、次いで「頚部絞扼以外による窒息」が5人（同17.9%）、「頚部絞扼による窒息」が4人（同14.3%）と報告されています。直接死因が「頭部外傷」のうち、「乳幼児揺さぶられ症候群（SBS）（疑い含む）」が6人（有効割合60.0%）で、その加害者の5人が実父です。

　主たる加害者は「実母」が16人（44.4%）と最も多く、次いで「実父」が8人（22.2%）、「実母と実父」が5人（13.9%）でした。

　加害の動機では「保護を怠ったことによる死亡」が6人（16.7%）と最も多く、次

第4章　大切なわが子を虐待しないために

いで「しつけのつもり」、「子どもの存在の拒否・否定」、「泣きやまないことにいらだったため」がそれぞれ4人（11.1%）でした。

　死亡した年齢0歳が44.4%と最も多いわけですが、力も弱く、言語化もできない乳幼児の命が奪われる悲しい現実に胸が痛みます。加害の動機では、「保護を怠ったことによる死亡」が16.7%にも及んでおり、保護者としての意識の欠如と育児の能力の欠如等が見え隠れします。乳幼児期の子育て支援の大切さを実感します。
引用先：厚生労働省　子ども虐待による死亡事例等の検証結果について（第11次報告）の概要（別添1）URL：http://www.mhlw.go.jp/stf/houdou/0000099975.html

---

3　4つの虐待

＊虐待ってなんだろう

　虐待からイメージすることは、どんなことでしょうか。虐待は、「abuse」という英語の訳です。この「abuse」には、虐待の他に、乱用、悪用、誤用という意味も持ち、「普通とは違った、もしくは正しくない使い方」という趣旨も含まれています。広辞苑では、虐待を「むごく取り扱うこと。残酷な待遇」としています。

　児童虐待は主に4つに分類されてます。身体的虐待、性的虐待、ネグレクト、心理的虐待の4つです。

＊虐待の4つの種類

　4つの種類の虐待を簡潔に述べると下記のようになります。

身体的虐待：児童の身体に外傷が生じ、又は生じるおそれのある暴行を加えること、生命に危険のある暴行を加えることです。たとえば、殴る、蹴る、突き飛ばすなどの暴力やタバコの火やアイロンを押しつける等が該当します。

性的虐待：児童にわいせつな行為をする、させる、または、性的関係をもつことです。

第4章　大切なわが子を虐待しないために

たとえば、子どもへの性交、性的行為の強要、性器や性交を見せるなどです。いずれもの行為についても子どもが同意していたとしても虐待です。

ネグレクト（養育の放棄または怠慢）：児童の心身の正常な発達を妨げるような著しい減食又は長時間の放置、保護者以外の同居人による虐待行為の放置、その他の保護者としての監護を著しく怠ることです。たとえば、食事を与えない、風呂に入れないなど、日常生活の世話を怠る、子どもにとって必要な情緒的欲求に応えていない等が該当します。

心理的虐待：著しい暴言または著しく拒絶的な対応、同居する家庭における配偶者に対する暴言などで、子どもに著しい心理的外傷を与える言動を行うことです。たとえば、言葉による脅しや強迫、罵声を浴びせる、子どもの自尊心を傷つけるような言動、子どもを無視する、拒否的な態度をとる、ほかの兄弟と著しく差別する等が当てはまります。

4　虐待としつけ・体罰の違い

＊「しつけ」と「虐待」の違い

　「しつけ」と「虐待」の線引きは、大変難しいものがあります。子どもの立場に立って考えた時に、「子どもが心理的に苦痛を感じている、身体に傷がついている」というような場合は「虐待」といえるでしょう。また、子どもの心身の発達を阻害する行為も「虐待」です。

　発達の面からみて、子どもが「今、まさに自力でできることを課題にする」ことが「しつけ」であり、そこには達成感があります。子どもが「とうてい、頑張ってもできない無理な課題を与える」ことは不適切な養育であり、「虐待」ともいえます。「しつけ」は、子どもに行為の意味が認識されるもので、大人への信頼感が芽生えます。しかし、「虐待」は不合理な防衛により、虐待環境に適応せざるを得ないのです。

　児童虐待は子どもに対する「しつけ」と類似の行為と思われやすいのですが、「しつけ」とは明らかに異なるものです。虐待は、身体の発育・知的発達も阻害し、情

99

第4章　大切なわが子を虐待しないために

緒面の問題と世代間連鎖を引き起こすともいわれています。

　実際に子育てをしている保護者のなかには、自分がしている行為が「しつけ」なのか、「虐待」なのか、どちらに該当するのかわからないと言う方もいます。罪悪感を抱きながら、子育てをしているお母さんも少なくないようです。

　「しつけ」は保護者側の行為ですが、「虐待」は、子どもが受けた体験であり、子どもの心や体に傷を残してしまう行為です。

　「しつけ」は生活習慣や人と関わる力など自立していくための道筋を親が示していく行為です。しつけでは、子どもは自分の意見や考えを自由に言えることができます。また、保護者は子どもの意志を尊重しようとします。虐待では子どもは自分の意見や考えを言えません。保護者は子どもの意志を無視しがちです。

　保護者の方々は、これらの観点からご自身の行為を振り返ってみてください。

＊ 体罰の6つの問題性

　広辞苑によると、体罰は「身体に直接に苦痛を与える罰」と記されています。一昔前には良く見た光景とも言えますが、なぜ今、叩くなどの体罰は良くないとされているのでしょうか。以下の様な6つの問題性が指摘されています。

- 「しつけ」としてではなく、大人の感情のはけ口であることが多い
- 子どもに恐怖感を与えることで、子どもの言動をコントロールする方法である
- 体罰は即効性があるため、安易にそれを使うことで他のしつけの方法が分からなくなってしまう
- 体罰はしばしばエスカレートし、歯止めがきかなくなる危険性をはらんでいる
- 体罰は体罰を見ている他の子どもにも深い心理的ダメージを与える
- 体罰は時として、取り返しのつかない事故を引き起こす可能性がある

＊ 一般にあまり知られていない虐待の事例

　「性的虐待」は統計上全体の3〜5％と発表されていますが、水面下では10％〜15％にのぼるだろうと言われています。実父から娘への性的虐待の事例では、父親が娘と一緒にお風呂に入り、胸や陰部を触る。着替えの時に嫌な体験をさせら

れる等があります。子どもは父親から「絶対に言うなよ！」と脅され、母親にも言えず、苦しい思いを長い間抱え続けます。「性的虐待」は隠ぺい性の強い虐待で、心に深い傷を負うものです。

 ## 虐待を受けてしまう子どもたちとは

1　虐待されやすい子どもとは

　ここまで虐待についての定義など、その一般的な側面について説明してきました。ここからは具体的なデータをもとにその実体を分析していきたいと思います。まず、虐待にあってしまう子どもたちには何らかの共通した特徴はあるのでしょうか。

　少し古いデータになりますが、被虐待児396人について、「被虐待児の要因」を調べた横浜市の1999年度の調査があります。(図表4－6)

　「問題行動あり」とは、反社会的行動や非社会的行動を指します。反社会的行動とは他人に迷惑や危害を及ぼす暴力や暴走族などの行為や、喫煙・飲酒等を指し、非社会的行動とは、引きこもりなど、社会や対人関係を結ぶことを拒否する行為を指します。これらの行為に対し親が手を上げてしまうことは想像するに固くないですが、「特になし」と答えた親が多いことに驚きます。つまり全体の半数の親が"子どもを明確に虐待すべき理由はない"と答えているということです。虐待してしまう親についての分析は後ほど解説します。

第4章　大切なわが子を虐待しないために

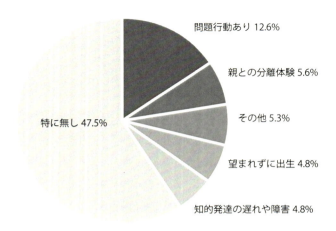

図表4-6 虐待を受ける子どもの特徴

　また、虐待を受けた子どもの、虐待のエピソード以前の特徴として、周産期や乳児期の疾病、未熟児もしくは低体重出産等が親からの虐待の要因になるといわれています。

2　虐待を受けた子どもたち

＊ 挑発する子どもたち

　児童養護施設に入所しているお子さんのなかには、職員を挑発する子どもたちも多く、大人たちはその対応に疲労困憊しています。私の知り合いの職員は、そのような子どもたちについて次のように語ってくれました。
　「入所当初は、とっても聞き分けがよいのですが、生活に慣れるにつれて、他の子どもに対して、○○君が生意気でイヤです。○○さんだけ、ひいきしていて、ずるい等、訴えてくることがあります。ある出来事をきっかけに、突如、豹変したかのように、他の子どもに対して"バカ！死ね、ウザい"など言い放ち、唖然とさせられるのです」
　これらの行動は、職員に対する挑発とも取れます。挑発する子どもたちは、大人の短所や欠点を見抜く力に優れているので、その部分を適確に突いてきます。ほとんどの大人は冷静になれず、その挑発に乗ってしまいます。

第4章　大切なわが子を虐待しないために

＊ 環境に適応しようとする子どもたち

　児童養護施設に入所している子どもたちは、家庭内において、いつ虐待が加えられるか分からない雰囲気のなかで生活をしてきました。そのような環境に置かれた子どもたちは、その悲惨な環境にさえ適応していってしまいます。そこに虐待がエスカレートしてしまう要因が包含されています。

　「褒められる」という行為は、強度の虐待を受けてきた子どもたちにとって、混乱となり、強い恐怖刺激でもあります。自己肯定感が低く、褒められた経験がない子どもたちにとって、突然、褒められることは、相手が何を考えているのか分からず、混乱してしまうのです。それは、子ども自身が親に虐待を引き出させてしまうような役割行動を学習しているため、虐待されることで家庭において自分の位置を確保してきた結果でもあります。それが「大人は自分を虐待する」という前提で生活し続けている子どもたちの姿なのです。

　乳幼児期に愛着の対象となるべき人から、極度の脅威を受ける体験をしている子どもたちは、両価的（アンビバレント）な状態にさらされています。親を愛して近づきたいという想いと、恐怖で離れたいという想いが混在してしまいます。このことは後の人間関係に大きな歪みを生じさせていきます。

　虐待行為の後、気持ちを切りかえて日常を再開するという体験の積み重ねは、心の一貫性を見失い、「感情の不連続性」をもたらします。これは我が身を守る防衛機制でもあるわけです。

＊ 攻撃性の強い子どもたち

　身体的虐待を受けた子どもたちは、対人関係で生じる問題を暴力的・感情的に解決するというお手本を常に見ている状態であるとも言えます。そのため子どもたちが、自分自身の問題解決に際しても暴力的・感情的なパターンを用いるようになるのは当然な成り行きです。親との間に常に対人的な緊張を強いられるわけで、その対処方法も攻撃的・挑発的なものになりがちです。攻撃者との同一化を図るわけです。

　これは前項と同じく「防衛機制」でもあります。心の安定を図るために子どもたちが自然にとる仕組みです。無意識のレベルに封じこめてしまう「抑圧」、相手の中にある感情や思考を自分自身のものとして取り入れようとするものです。対象となる

103

のは、憧れの相手であったり、攻撃者との同一化でもあります。

＊ 愛着障害の子どもたち

　児童養護施設で子どもたちと交流する機会に恵まれていますが、虐待を受けた経験を持つ子どもたちのなかには、初対面なのにとても人懐っこい子どもがいます。普通の子どもたちは、初対面の人には警戒反応を示すことが多いのに対し、愛着障害の子どもたちは、初対面でも必要以上に馴れ馴れしくべたべたと接してきます。このような無差別的な愛着行動の場合、別れ際には手の平を返すような態度に豹変します。一度、愛着を示した対象を急激に切り捨てるような離れ方をするのです。愛情という感情に対して適度な距離を保つことができないということです。

＊ 偽成熟性の子どもたち

　「偽成熟性」とは、虐待を受けた子どもたちに見られる、年齢にふさわしくない大人びた言動のことを言います。このような子どもは、大人たちからは、「かわいげがない」「子どもらしさがない」と捉えられがちです。こうした特徴も、終始大人の顔色をうかがわざるを得ない環境で生活してきた子どもの「防衛機制」です。
　虐待を受けた子どもたちは、相手によって態度を変えるという特徴もあります。私は児童養護施設職員へのインタビュー調査を行ったことがあるのですが、若手職員のストレッサーの1つが、「子どもたちがベテラン職員と若手職員と態度を変える」ということでした。自分を受け入れてくれると感じる若手職員には、わがままをぶつけてきます。しかし、少し怖いと感じるベテラン職員には、極端に従順な大人びた態度で接します。自分と職員との関係のみの一面的な見方しかできないという特徴がみられます。

参考文献：玉井邦夫著（2014）＜子どもの虐待＞を考える　講談社現代新書1567

第4章　大切なわが子を虐待しないために

 # 虐待をしてしまう親たちとは

1　家庭の特徴

　平成17年12月、東京都福祉保健局から出された「児童の実態Ⅱ」によれば、虐待が行われた家族形態は、実父母と子どもの家族が43.6％と一番多くなっています。次いで、実母と子どもの家族が30.6％、実母と養・継父と子どもの家族が11.7％となっています。
　虐待につながると思われる家庭の状況としては、「経済的な困難」「ひとり親家庭」「夫婦間の不和」「育児疲れ」、そして「親族・近隣・友人からの孤立」などがあげられています。実際には、これらの要因が複雑に絡み合っているといえます。

2　精神疾患との関連

　「主たる虐待者の生育歴」、つまり虐待する側の育った状況として、「ひとり親家庭」「被虐待体験」「両親不和」などが浮かびあがりますが、「特になし」が約2割、「不明」が4割にのぼっています。つまり、約6割は特徴的生育歴が明らかでないといえます。また、児童虐待調査研究会の調査結果では、親が自分の受けた養育と同質のものを自分の子どもに繰り返す割合は20％から34％となっているということが報告されています。
　横浜市が2000年に「主たる虐待者の心身の状況」として、298人を対象に調査を行っています。その結果は、「人格障害の疑い」（13.8％）、「神経症またはその疑い」（9.4％）、「精神病またはその疑い」（6.7％）、「アルコール依存症」（6.4％）、など、精神疾患の疑いと思われるものは、36.3％に上っています。

第4章　大切なわが子を虐待しないために

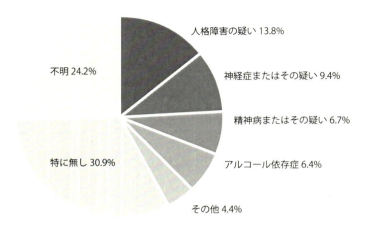

図表4-7 主たる虐待者の心身の状況

＊ 子どもへの過剰な要求と過小な評価

　虐待をしてしまう親の特徴として、子どもの発育や発達を正確に評価できないという点があります。また、子どもの発達を低く見積もる傾向があります。「何をやってもダメ」「何のとりえもない」と子どもに対して思っていたり、言葉にしてしまうことがあります。このような親は、育児を楽しむことができずに、子どもの存在は煩わしいものとなっていきます。

　子どもの能力を超えるような課題を与えるという「過度な要求」をするのも特徴です。例えば、十分な成績のテスト結果を過小評価し、「どうして100点取れないの！」と叱責したりします。「この子はどうぜダメだから」という考えから、様々な生活の体験を奪い、子どもの可能性を狭めていきます。ちょっとしたいたずら等に対しても、厳しく叱責し、罰を与えます。

　虐待をしてしまう親は、実は子どもに対して過剰な依存が見られます。依存の関係とは未成熟な関係性でもあり、基本的には自分に責任はない、すべては相手の責任であるという心性が見られます。

参考文献：玉井邦夫著（2014）＜子どもの虐待＞を考える　講談社現代新書1567

3　虐待とは世代間伝達なのか

　虐待の世代間伝達とは、「幼児期に虐待されて育った者が、成長してから自らの子どもに虐待する現象」のことです。虐待体験により、「自尊心」や「基本的信頼感」が身につかずに成長してしまった結果、虐待を引き起こしやすいのではないかとも言われています。

　「自尊心」は、自分の尊厳を保つプライドともいえます。過去に虐待を受けて親からむごく扱われた人は、自分は価値のない人間だと思ってしまう傾向にあり、自尊の気持ちが身につきにくくなるようです。

　一方、「基本的信頼感」は乳幼児期の大切な発達課題でもあり、母親に愛され、守られているという確かな感覚のことです。子どものころに受けた虐待によって、私は人から愛されない、人は私を愛してくれないという想いを持ち、自分と他者への信頼を著しく失うこととなります。つまりこのようなメンタリティを持った親は、同じように子どもに「自尊心」や「基本的信頼感」を与えることが難しいとも言えます。自分の親が暴力を用いて「育児」や「しつけ」をすることで、その方法が学習され、自分の「育児法」となるということも、多数の研究から示唆されています。

5 虐待の相談機関〜虐待では？と思ったら、迷わず通報を

1　専門の対応機関

＊虐待を発見したら、どこへ通告したらよいのか

　児童虐待の通告は、すべての国民に課せられた義務です。児童福祉法第25条の規定に基づき、児童虐待を受けたと思われる児童を発見した場合、すべての国民に通告する義務が定められています。また、児童虐待防止法第5条においても、虐待を受けたと思われる児童を発見した者に通告義務を課しています。通告すべき場所は、市町村や福祉事務所、もしくは児童相談所が該当します。

第4章　大切なわが子を虐待しないために

　「もしかしたら、虐待かな」と思われたら、まずは、お住まいの区市町村を担当する「児童相談所」か「福祉事務所」または、「子ども家庭支援センター」に連絡してください。

　児童相談所への連絡は、平成27年7月1日から全国共通ダイヤル（189）「イチ・ハヤ・ク」と語呂合わせで覚えやすい番号に統一されました。相談・通告は匿名でも可能で秘密は守られます。「もしかしたら」と思ったら、躊躇わずに通告しましょう。

　その他、「子ども虐待防止センター」、「子ども虐待防止ネットワーク」、「児童虐待防止協会」等にも相談してみてください。あまり、知られていないことですが、児童虐待の通告は、すべての国民に課せられた義務なのです（児童福祉法第25条・児童虐待防止法第6条）。

厚生労働省
児童相談所全国共通ダイヤル　　　いち　はや　く
　　　　　　　　　　　　　　　　１８９

2　虐待を見抜き、見逃さないために

＊ 虐待死させてしまう保護者側の側面チェック項目

―――――――――――――――――――――――――――――――

　虐待死させてしまう保護者側の側面として、いくつかのチェック項目があります。下記に示します。

	チェック	子どもの様子
1	☐	保護者等に精神的疾患がある、あるいは強い抑うつ状態である。
2	☐	妊娠の届出が出されていない。
3	☐	母子健康手帳が未発行である。
4	☐	特別の事情がないのにも関わらず中絶を希望している。
5	☐	医師、助産師が立ち会わないで自宅等で出産した。
6	☐	妊婦健診が未受診である。（途中から受診しなくなった場合も含む）
7	☐	妊産婦等との連絡が取れない。（途中から関係が変化した場合も含む）

第4章　大切なわが子を虐待しないために

	チェック	
8	☐	乳幼児にかかる健診が未受診である。（途中から受診しなくなった場合も含む）
9	☐	子どもを保護してほしい等、保護者等が自ら相談してくる。
10	☐	虐待が疑われるにもかかわらず保護者等が虐待を否定する。
11	☐	過去に心中の未遂がある。
12	☐	訪問等をしても子どもに会わせてもらえない。
13	☐	双子を含む複数人の子どもがいる。

図表4-8 虐待死させてしまう保護者側の側面チェック項目

引用文献：厚生労働省把握（H21.4〜H22.3）

＊ 児童虐待早期発見のポイント

　子どもの様子から虐待を発見するための、チェック項目を下記に示します。周囲のお子さんに異変を感じたら、ぜひ活用してみてください。

	チェック	子どもの様子
1	☐	よく怪我をするが、原因がはっきりしない。手当が十分でない。
2	☐	特別な病気がないのに、発達が遅い。
3	☐	表情が乏しく元気がない。
4	☐	おびえた泣き方をする。
5	☐	予防接種や健診を受けていない。
6	☐	衣服が汚れていたり、異臭がしたりする。
7	☐	保護者やきょうだいの服装に比べて差がありすぎる。
8	☐	長期間入浴していない。
9	☐	年齢に適した基本的な生活習慣が身に付いていない。
10	☐	過度に緊張し、視線が合わせられない。警戒心が強い。
11	☐	集中できない。
12	☐	集団に入れない。他児と関われない。
13	☐	保護者がいると顔色をうかがっているが、一度離れるとまったくの無関心。
14	☐	身体接触をいやがる。
15	☐	奇妙な「よい子」。（こちらの期待どおりに行動しようとする等）
16	☐	接触の回数を重ねても関係が深まらない。
17	☐	他児に対して乱暴。ささいなことでも他児に対して執拗に攻撃する。

第4章　大切なわが子を虐待しないために

18	☐	虫や小動物を殺したり、いじめたりする。
19	☐	転んだり、怪我をしても泣かない。助けを求めない。
20	☐	一度ハメをはずすと、とめどがなく、コントロールがきかない。
21	☐	食事やおやつをむさぼるように食べる。または人に隠すようにして食べる。
22	☐	保護者を試したり、独占しようとし、他児を排斥しようとする。
23	☐	連絡もなく登園してこない。

図表4-9 虐待の早期発見のポイント（子どもの様子）

引用文献：『見過ごさないで！子どもたちのSOS』Gakken p.29 参照

＊ 保護者の様子から虐待を発見する

　「保護者の様子」から虐待を早期に発見するポイントを一覧表にまとめました。

	チェック	保護者の様子
1	☐	子どもの要求をくみとることができない。（なぜ泣くのか分からない等）
2	☐	子どもが新しい遊びや道具に関心を持つことを好まない。
3	☐	子どもと遊ぶ時に必用以上に距離を置こうとする。
4	☐	子どもと自分と対等な存在と感じ、自分を脅かす存在とみている。
5	☐	乳幼児の早期から、子どもを甘やかすのはよくないと強調する。
6	☐	保護者の気分の変動が激しく、自分の思い通りにならないと体罰を加える。
7	☐	子どもに心理的に密着しすぎるか、まったく放任か極端である。
8	☐	子どもに能力以上のことを無理やり教えようとする。
9	☐	子どもの怪我等について、不自然な状況説明をする。
10	☐	保育者との接触を拒む。
11	☐	夫婦関係や経済状態が悪く、生活上のストレスになっている。
12	☐	周囲に相談相手がなく、孤立している。
13	☐	酒、覚せい剤、麻薬の乱用がある。

図表4-10 虐待の早期発見のポイント（保護者の様子）

引用文献：『見過ごさないで！子どもたちのSOS』Gakken p.29 参照

第4章　大切なわが子を虐待しないために

緊急性の高い虐待を発見しよう！

	チェック	保護者の様子
1	☐	子どもを投げる、頭部を殴る、高いところから落とす。
2	☐	腹部を蹴る、踏みつける、殴る、木刀でたたく。
3	☐	首を絞める、水につける、熱湯をかける。
4	☐	骨折、裂傷、目の外傷、やけど（あと）がある。
5	☐	慢性的にあざやたばこの火を押しつけたようなあとがみられる。
6	☐	子どもへの性行為、サディスティックな行為がみられる。
7	☐	必要な衣食住が与えられていない。
8	☐	子どもを長時間放置している。
9	☐	子どもに脱水症、栄養不足のため衰弱が起きている。
10	☐	保護者が精神的に不安定で親子心中の恐れがある。
11	☐	保護者がアルコール・薬物依存のため養育困難となっている。

図表4-11 緊急性の高い虐待のポイント
引用文献：『見過ごさないで！子どもたちのSOS』Gakken p.29 参照

「手を上げてしまいそうな時、どうしたら良いのでしょうか？」

《おかださん》 小学3年生 男子の母
ひとり親家庭で忙しくする中、息子のやんちゃが激しくなり、日々イライラしている。

おかだ：虐待が子どもに深刻な影響を与えてしまうことがわかり、自分の心にもっと余裕を持てるよう、仕事を調整していこうと思いました。

かめだ：そうですか。虐待はやはり親のストレスによるものも大きいと思います。お仕事も大事ですが、ぜひ周囲に頼るなどお子さんと健全な関係を保てるよう考

111

第4章　大切なわが子を虐待しないために

えてみてください。

おかだ：わかりました。それでも私の性格上カッとなってしまうことがありそうだと思っています。何か対策はありますか？

かめだ：そんな時の対応についてまとめてみましたので、ぜひ参考にされてください。

◆ カッとなって手をあげそうになったら…

① 落ち着いて冷静になるためのコントロール法を身につけましょう。怒りが湧いてカッとしたら、ゆっくりと「息を吐く、吸う」を繰り返しながら、10まで数える。その間に理性が働き出し、冷静さを取り戻していきます。

② 怒りにとらわれている自分を認知することが大切です。高い所から、冷静な自分が、感情的になっている自分を見ている、俯瞰している、そんな様子を浮かべてみてください。

③ 自分の怒りの感覚を体で実感してみてください。カッとすると、「頭が熱くなる、喉が渇く、こぶしに力が入る」等、その感覚を覚えておくことです。自身の「怒りのものさし」をイメージし、今の自分は1〜10までのどのあたりに位置するのかを意識してみることをお勧めします。感覚からのサインを見つけて対処しましょう。

④ 手をあげてしまうこと以外の「しつけ（対処法）」を学んでみましょう。お子さんはどんな場面で、あなたをイライラさせるのでしょうか。いくつかのパターンがあるはずです。パターンごとに、どうしたらスムーズに行動に移せるか、お子さんと話し合ってみましょう。叱っているうちに、感情も高ぶってしまいますから、そんなときは、イラストでお母さんの想いを伝えられるよう子どもとの対話のために作られた「絵カード」等を活用してみましょう注意するときも、短い言葉で伝えましょう。

⑤ 日頃から、ご自身のストレスチェックをしましょう。そして、ストレス発散法を用意しておきましょう。ストレスになる要因は様々です。たとえば、体調不良、忙しい、面倒な家事、むずかしい人間関係、花粉や化学物質、気候、食事・睡眠・運動等、多くの要因が複雑に絡み合っています。一

112

第4章 大切なわが子を虐待しないために

度専門的なカウンセラーに相談し、ご自身が何に対してストレスを強く感じるのか、把握しておくことをおすすめします。

⑥ 気持ちを吐きだす場を見つけておきましょう。サロンの「しゃべり場」を利用してみる。相談機関を知っておくだけでも、いざという時に役立つものです。「電話をして相談する。駆け込んでみる」という行動を起こしやすくなります。

⑦ 虐待についての正しい知識を身につけて理解する。講座に参加して、虐待がいかに、子どもへ悪影響を与えるものか知るだけでも、虐待をしそうになった時の歯止めになります。

⑧ 「これって虐待?」と思ったら、迷わずに専門機関に相談しましょう。一人で抱えていても、事態は改善されません。

かめだ：何でも完璧にやろうと思わないで、時折、手抜きをしてみてください。そして、「いい母親」になろうとしないことです。ひとりで悩まないで困ったときは助けを求めてくださいね。子どもと向き合うのがつらいときは、ちょっと離れてみたり、自分の趣味をもち、自由な時間を作ったりすることで、ずいぶんと気持ちが楽になり、子育てにもゆとりが生まれてきます。頑張り過ぎないことです。

113

あとがき

　教育現場での相談経験をもとに、お父さん・お母さんにぜひお伝えしたい3つのお願いがあります。

　1つ目は、子どもの悩みをタイミングを逃すことなく、真剣に聴いて欲しいということです。生返事で答えたり、「今、忙しいからまた後でね」と対応したりしていると、子どもは「どうせ話しても聴いてもらえない。親なんて頼りにならないもの」と悩みを話す気持ちが薄れ、心を閉ざしていってしまいます。子どもの話したいという想いを、しっかりと受け止めてあげてください。

　2つ目は、子どもの問題に、母親だけが孤軍奮闘しているケースが非常に多いということです。子育てはお母さん一人でするものでなく、夫婦の協働作業です。普段から子どものことを話し合える夫婦関係を築くことで、ふたりで一緒に問題に向き合って行って欲しいと思っています。

　3つ目は、専門機関に相談する勇気を持つということです。ひとりで抱え込まず、まず一歩を踏み出してみることが事態を良い方向へと向かわせます。子どもは、親の態度を見ています。お父さん・お母さんが自分のことで真剣になってくれている姿は心に響くものです。電話をして、相談に行こうとしている姿勢に心を打たれ、自分の問題や悩みを一緒に考えてもらえるという信頼感が芽生えます。

　本書では、学校の中にいる専門家について、どんな役割を担い、何をしてくれる人たちなのか、具体例を交えながら分かりやすく紹介してきました。この本をきっかけに多くの方が、お子さんの問題を相談機関・専門機関につなげていって下さることを願っています。

　本書が完成するまでに、なんと3年半の月日が経過してしまいました。岩井俊憲先生（有限会社ヒューマン・ギルド代表）のもとでアドラー心理学を学びながら、「本の出版をしたい」という夢を語ったのが2013年の4月でした。岩井先生からは、出版社の情報を頂いたり、書き下ろしたばかりの稚拙な原稿にも目を通して頂き、貴重なご意見を賜わりました。

　ご指導を頂いたものの、時間だけが流れ、遅々として本の執筆は進みませんでした。その理由は、私の中にある「違和感」でした。本書を「学生」と「保護者」の両方に向けて発信したいという想いが絡み合い、筆を進めてみると、誰に訴えたいのかブレが生じてしまうのです。そのため私は思い切って2冊の本にする決心をしました。そ

あとがき

れが 2015 年の春です。

　1 冊目は学生向けとして『いじめ・不登校・虐待と向き合う支援と対応の実際』を 2016 年 1 月に三恵社より出版しました。そしてこの度やっと、保護者向けの本として『いじめ・不登校・虐待から大切なわが子を守る　―いま、お父さん・お母さんにできること―』の出版にこぎつけることができ、3 年半も抱え続けていた夢が今、叶いました。

　岩井先生の奥様である岩井美弥子さんに、この本の表紙のイラストを描いて欲しいとお願いしたのが 2013 年の夏だったと記憶しております。2013 年の冬には表紙となる絵画が届いたのですが、その絵画は私の部屋で「世に出る準備」を忍耐強く待ってくれました。今、表紙の中の少女に「長い間、待たせてごめんね。これからは必要な人たちに、一冊一冊、愛を込めて届けてね」とそっとお願いをしています。

　人は一人では何もできないけれど、夢を持つことで、応援してくれる人たちがすぐ傍に居ることを実感できます。人の出会いは素晴らしいものです。

　どうか、この本に出会った全ての人々が幸せになりますように。それが私の夢であり、願いです。

謝辞

　本書が世に出るにあたり、アドラー心理学に基づく"勇気づけ"を30年以上に渡り伝え続けている有限会社ヒューマン・ギルド代表取締役の岩井俊憲先生から、多大なるお力添えを頂きました。深く感謝申し上げます。

　表紙のイラストや登場人物のイラストは、岩井俊憲先生の奥様・岩井美弥子様がこの本のために描いてくださいました。

　また、各章の扉のイラストも岩井美弥子様からご提供いただきました。柔らかな可愛らしい絵柄が、読者の皆さんの心を癒やしてくれると思います。本当にありがとうございました。

　また本の構成・編集・校正・校閲の一連の作業は、フリーライターであり、心理カウンセラーでもある加藤隆行さんにご尽力を頂きました。幾度となく、お時間を頂き、直接お会いしての検討会議はとても有意義な時間でした。また、稚拙な原稿にも、私以上に辛抱強く向き合ってくださったお陰で、ここに本が完成いたしましたことを深く御礼申し上げます。

　加藤隆行（かとちゃん）さんのブログのURLを下記にご紹介いたします。かとちゃんのブログは、「面白くてためになり、毎日、ブログを拝見しないと一日がスタートしないし、終わらない」そんな表現がぴったりのブログです。

< かとちゃんのブログ「ココロと友達」> http://ameblo.jp/kussblue

　表紙装丁や本文全般のデザインは、ハットツールデザインの松田ゆう子さんのお力添えを頂きました。幾つものデザイン案を出してくださり、1つ1つの要望にも丁寧にご対応頂くことで、本としての価値を高めて頂けたことに、深く感謝申し上げます。

　最後になりましたが、三恵社の木全俊輔様には、いつも丁寧なご支援を頂きました。厚く御礼を申し上げます。たくさんの方々のお力添えにより、ここに1冊の本が完成いたしました。ありがとうございました。

平成28年初秋

亀田秀子

主な引用文献・参考文献一覧

『学級経営力を高める 教育相談のワザ13』会沢信彦・岩井俊憲（学事出版）

『今日から始める 学級担任のためのアドラー心理学』会沢信彦・岩井俊憲
（図書文化社）

『見過ごさないで!子どもたちのSOS』庄司順一・徳永雅子（学習研究社）

『アリアドネからの糸』中井久夫（みすず書房）

『いじめ―教室の病い』森田洋司・清永賢二（金子書房）

『月刊生徒指導 2007年2月号／大人のいじめ対応姿勢5ヵ条　阪根健二』
（学事出版）

『いじめと不登校の社会学 集団状況と同一化意識』竹川郁雄（法律文化社）

『子どもの虐待を考える』玉井邦夫（講談社現代新書）

『対人関係のダークサイド』加藤司・谷口弘一（北大路書房）

『平成26年度「児童生徒の問題行動等生徒指導上の諸問題に関する調査」』
（文部科学省）

戸田有一　ダグマー・ストロマイヤ　クリスチアーナ・スピール（2008）
人をおいつめるいじめ―集団化と無力化のプロセス―

戸田有一.（2014）. いじめ問題のnature, cultureそしてfuture. 心と社会
（日本精神衛生会刊行）, 45, pp62-68.

著者紹介

亀田　秀子（かめだ　ひでこ）

　公立小学校の教員として11年間勤務。その後、中学校のさわやか相談員や教育センターのスクールソーシャルワーカー・学校心理士としてカウンセリング・相談支援に従事する。

　聖徳大学大学院児童学研究科博士前期課程修了（2005）。大正大学人間学研究科社会福祉学専攻博士前期課程修了（2009）。修士（児童学・社会福祉学）。

現在、聖徳大学・十文字学園女子大学、非常勤講師。

社会福祉士・精神保健福祉士・学校心理士の資格を有する。

『これで完全合格　保育士試験』第5回－2008年実施 高橋種昭◎監修 共著 ミネルヴァ書房 2009年。

『いじめ・不登校・虐待と向き合う支援と対応の実際』三恵社　2016年。

＜子ども相談研究所♪天使のとまり木♪＞

ブログ

http://ameblo.jp/my-dream-come-true-now

http://blog.goo.ne.jp/my-dream-come-true-now

ホームページ

http://tenshinotomarigi.jimdo.com/

いじめ・不登校・虐待から大切なわが子を守る

2016年12月1日　　初版発行		

著　者	亀田　秀子
編　集	加藤　隆行
装　画	岩井美弥子
装　丁	松田ゆう子

定価（本体価格1,600円＋税）

発行所	株式会社　　三恵社

〒462-0056 愛知県名古屋市北区中丸町2-24-1

TEL 052（915）5211

FAX 052（915）5019

URL　http://www.sankeisha.com

乱丁・落丁の場合はお取替えいたします。

ISBN978-4-86487-587-5 C3037 ¥1600E